人生は「動詞」で変わる

齋藤　孝

集英社文庫

人生は「動詞」で変わる

目次

人生は「動詞」で変わる

プロローグ　自分をスイッチ・オンする動詞を持とう

「言葉の力」ということがよくいわれる。

力のこもった言葉を使えるようにするには、からだに言葉を取り戻すことだ。

政治家など責任ある立場の人が大事なときに空疎な言葉しか口にしないことがあるが、あれは誰かがつくってくれた文言《もんごん》をただ棒読みしているからだろう。そこに自分をかかわらせていない。

自分自身の「意志」「判断」「思い」「決意」といったものが息づいていない言葉は軽い。こころに響いてこない。

からだの実在感覚が抜け落ちてしまうと、言葉はただ意味情報を伝達する記号のようなものになってしまう。

現代は言葉があふれかえっている。

ネット上では、毎日膨大な言葉が、さまざまな言語で世界中を舞い踊っている。

素晴らしく魂のこもった言葉が発信され、それに触れてこころを揺さぶられることもあるけれど、誰の口から誰の手から紡ぎ出されたのかわからない言葉も氾濫している。出どころのはっきりしない言葉は、どこかこころもとない。母体を持たずにふわふわ漂っている印象だ。

力のある言葉とは、その人のなかから湧き上がってきたことを実感させるものだ。ものの考え方や生きるスタンスがしっかりとのった、重量感のある言葉だ。どうしたら、そういう言葉を発することができるのか。

私は、自分の身体性に即した「動詞」を持つことを勧めたい。

人間の行動は、「動詞」の集積である。

私たちは日常なにげなく言葉を使っているが、動詞のもたらす運動性は、その人の身体モードと密接に関係している。

人の行動形態は、その人の意識によくなじんだ動詞にあらわれる。

たとえば、包容力のある人は「包む」身体性を持っている。この意見だけが正しいとか、これでなければダメだ、という考え方をしない。自分とは見解が違っても人の話に耳を傾けて「聞く」ことができ、相手を「受け入れる」ことができる。

その姿勢は、まさに風呂敷のようだ。どんな形状のものも、うまい具合に包み込んでしまう。対応が柔軟である。行動や考え方に「包む」という動詞の持つ特徴が自然にあらわれて、その人のひとつのスタイルになっている。

「名は体をあらわす」という言葉があるが、私はむしろ「動詞は体をあらわす」と考える。

日々、自分の使う言葉、とりわけ動詞にもっと注意を払ってみよう。

動詞を意識すると行動が変わり、生き方が変わる。

さまざまな動詞のなかから、自分にフィットした動詞を見つける。あるいは、自分に足りないもの、こういう要素を身につけたいと思ったら、その動詞を意識して生活するぞと決める。


かつて私は、熱くなりやすいが、ちょっと飽きっぽい傾向があった。だが研究者というのは、ひとつの研究をコツコツと何年もかけ、長いこと取り組みつづけなければならない仕事だ。途中で飽きたといって放り出すわけにはいかない。

私は「粘る」を自分のテーマにした。ちょうど「息」の研究をしていたときだったので、息をどれだけ長く止めていられるかとか、細く長〜く息を吐く練習とか、気分転換のテニスをするときもいつもと違ってとにかく長くラリーを続けるとか、何をするにも「粘る」ことを意識した。食べるものも、納豆やとろろのようなネバネバ系のものを意識的によく食べた。

そうするうちに、いつのまにかすっかり粘り腰が身についた。「粘る」ことが、弱点から自分の持ち味へと変わった。

自分のテーマとして掲げ、書いて貼っておいたり、口に出したりして、自分に対するメッセージにしていると、だんだん意識に定着してきて、自然と行動も変わってくる。

「マイ動詞」として自覚できると、日々の目標もはっきりする。

言葉のとらえ方だけでなく、生活の構えが変わってくる。自信も湧いてくる。

なぜ自信がつくかというと、闘うスタイルが確定するから。自分がどういう場面で実力を発揮できるのかがわかる。自分の闘い方がわかる。だから強くなる。

対人関係もそれによって変わってくる。

私たちがふだん見すごしてしまっている動きの本質が、動詞にはある。

ぼんやりと生きている自分の意識、自分のからだのめざめていない感覚を揺り起こす動詞、自分の潜在能力を「スイッチ・オン」する動詞を持とう。

自分のスタイルをしっかり持っている人は、言葉に身体性がしっかりのる。

借り物のような言葉ではなく、自分の身から出た言葉には力がこもる。人のこころに本当に届く言葉を発することができるようになる。

人によって、自分の感覚にフィットする動詞は違う。それぞれ得意ワザのようなものができていって、それがその人の生き方のスタイルになる。

生き方のスタイルは動詞で変わる。
本書のなかから、あなたの生き方のヒントを見つけてほしい。

1

「つぶやく」時代にあえて「叫ぶ」

現代人は「つぶやく」のが好き

「つぶやく」だけで、ものが売れたり、評判が高下したり、状況が変化したりする時代になった。

「ツイッター（Twitter）」上でつぶやくとは、百四十字以内の短い文章を発信することだから、実際に声を出しているわけではないが、みんなに伝えようと大声で「叫ぶ」のでなく、誰かが拾ってくれればいいというかたちで軽く「つぶやく」だけという行動性は、とてもいまの時代のコミュニケーション感覚らしいと思う。

ゆるやかな関係性のなかでの「存在の承認互助会」的傾向は、ここ数年の社会の趨勢《すうせい》だ。

自分のつぶやきを、誰かが拾ってくれる。拾ったり拾われたりし合う相手がどんどん増えて、見も知らぬ人とつながってネットワークを広げていくことができる。そこに多くの人が魅力を感じた。

現代人は、大声で「叫ぶ」よりも、小声で「つぶやく」身体になっている。

とりわけ都市型社会では、大きな声を出して叫ぶ場も、その必要性もどんどん失われており、やたらと大声を張り上げることはむしろ迷惑なふるまいだと見なされるようになってきた。一歩間違うと、隣人とのトラブルの火種にさえなる。

「叫ぶ」ことの意義やメリットを実感できなくなっている。

「叫ぶ」には、「大声で何かを呼びかける、訴える」というニュアンスがあり、そこから「世間に強く主張する」意味もある。「叫ぶ」には主張が要る。それなりのパワーが要る。積極的にエネルギーを外に「放つ」構えが必要になる。

それに対して「つぶやく」とは、小声でぼそりと言うもの。ネット上の「ツイート」も、強い主張や発信力を持っていなくていい。エネルギーの放出の仕方が消極的かつ小出しだ。低燃費のエコスタイルともいえるが、つぶやいてばかりいると、心身が縮こまっていくような気が私はする。

実際、大学生と接していても、声を張れない人が増えている。教職志望の学生を教えているので、いずれ教師になったあかつきにはみんな生徒に向かって声を張らなくてはいけないのだが、大勢の相手に響かせるような声があまり出せない。声の出し方から指導しなければいけなくなっている。

大きな声を出すことは本来、人間にとって非常に大切な、意味のある行為だった。

自分をスイッチ・オンする動詞の一番目として、このつぶやき全盛の時代に、あえて

「叫ぶ」ことを提唱したい。

かけ声文化の国ニッポン

日本には、大声で呼びかけ合う文化がさまざまなかたちで伝承されてきた。たとえば、祭りで神輿《みこし》をかつぐときのかけ声。地域によってかけ声は本当に千差万別だが、目的はひとつ、みんなで声を合わせ、息を合わせ、足並みをそろえることにある。

各地に伝わる木遣《きや》り節《ぶし》も、かけ声の典型だ。七年に一度行われる長野県諏訪大社《すわたいしゃ》の御柱祭《おんばしらさい》では、木遣りの名人がまず甲高い声を張り上げて「お願いだ」とひと節なく。「ヤァ〜 山の神様 お願いだ」「ヤァ〜 心そろえてお願いだ」それを合図にみんなで「ヨイサ、ヨイサ」とかけ声をかけて運ぶ。「山の神様、どうぞお守りください」というお願いだったり、「曳《ひ》き手《て》の皆さん、心をそろえてよろしく頼むよ」というお願いだったりして面白いが、これこそかなり原初的なかけ声のかたちではないかと思う。

祭りとは祀《まつ》りであり、すなわち祈りだ。目には見えない畏怖すべき存在に対して、大きな声を出して、祈りの言葉を捧《ささ》げる。

雨乞《あまご》いや豊漁祈願などの祭祀《さいし》の唄《うた》も、神様への祝詞《のりと》も、さらにいえばお経や声明《しょうみょう》や念仏も、姿なきものへの呼びかけだ。

相撲を取るときには、行司が「はっけよい」「のこった、のこった」とかけ声を出す。「はっけよい」は力士の発奮を促す言葉であり、「のこった」は、まだ土俵の中に残っているよ、勝負がついていないよ、という意味だ。あのかけ声がなかったら相撲もまったく拍子抜けになってしまう。

あるいは、剣道、柔道、合気道、空手……日本の武道は、みな威勢のよいかけ声がつきものである。

歌舞伎を観《み》に行くと、劇場の一番奥の高いところ、いわゆる大向こうから「音羽屋《おとわや》！」「成田屋！」といった声が飛ぶ。あれは仕事として声をかける人がいるわけではなくて、芝居好きな人たちが、ここ一番というタイミングを見計らって声をかけるものだ。

役者の屋号だけでなく、「いよっ、待ってました！」とか、「ご両人！」といった声がかかることもある。

間《ま》が悪いと、役者も芝居がやりにくい。ここぞという絶妙のタイミングで声をかけるには、その演目の流れ、セリフ、役者の動きや間合いをつかんでいないといけない。通《つう》でないとできない。

「大向こうをうならせる」という言葉もあるが、それは芝居通をも感嘆させる、というところからきている。

打ち上げ花火を上げるときにも、「たまや〜」「かぎや〜」などと花火師の屋号のかけ声がかかった。

かけ声というものが民衆文化のひとつの軸としてあったのである。

物売りの呼び声

職業的なかけ声、呼び声というのもあった。

私の子ども時代、昭和四十年代には、まだ物売りの声をよく聞いた。

「きんぎょ〜ェきんぎょ〜ォ」

「い〜しやき〜いも〜」

「たけやァ〜、さおだけぇ〜」

あの呼び声を聞くのは楽しかった。

声ではなかったが、豆腐屋のラッパは「とうふゥ、とうふゥ」と聞こえた。

物売りというと、口上もまた面白い。

もっとも有名なのが「がまの油売り」だ。

「さあさ、お立ちあい。御用とお急ぎでない方は、ゆっくりと聞いておいで」
「てまえ持ちいだしたるは、四六《しろく》のがまだ」
節とリズム、かけ言葉で聴衆を魅了するワザは、ひとつの芸と呼んでいい。落語にもなっているくらいだ。

バナナの叩《たた》き売りの口上もよく知られているが、どちらもいまでは文化継承目的の大道芸でしか見聞きすることはできなくなっている。

日常のなかでああいった話芸に接することができていた時代は、いま思うとなかなか面白い社会だったのではないかと思う。

そんな物売りの口上の系譜としていまにつながるのが、デパートなどで実演販売をしている人たちではないだろうか。流れるようなリズムのおしゃべりと鮮やかな手ワザで、製品をアピールする。なかにはテレビにもよく出るようなその道の有名人もいる。

いまはテレビ・ショッピングが盛んになっている。時代の移り変わりのなかで、売る商品も、語り口もさまがわりしているが、リズムのある名調子とはりのある声でお勧めされると購買欲をそそられるところは、やはり変わらない。あれがぼそぼそと小声でつぶやくような商品紹介の仕方だったら、きっとあまり買いたい気分にならないはずだ。

なぜ人は叫ばなくなったのか

かつては、強い声、よく届く声、息の長い声といった「いい声」を持っていることは現実的な力であり、強さの象徴のようなものだった。

民俗学者、宮本常一《みやもとつねいち》の『忘れられた日本人』（岩波文庫）のなかに、「このじいさんなんざァ声がよいのでずいぶんよいたのしみをしたもんだ」という話が出てくる。

対馬《つしま》に、声がよくて歌がたいへんうまい老人がいて、歌のかけ合い、いわゆる歌合戦をしても負けたことがなかった。歌の得意な女性にかけ合いを挑んでは勝ち、挑まれては勝ち、おかげで大勢の女性と一夜の契りを結ぶことができた。そういう艶福に恵まれたというのである。

声のよいことが人生においてアドバンテージになっていたよい例だ。

歌のうまさはいまも人の賞賛を浴びる一大要素ではあるが、声の大きさ、強さそのものが、生きることの力と直結したものとは思われなくなった。

まず、人間が重いものを担いだり運んだりしなくなり、重労働はすべて機械がやるようになったことで、大声を起爆力にするという機会が激減した。

重いものを持ち上げたり運んだりするときには、大声を出すことでハラ、臍下丹田《せいかたんでん》から力が出せた。ハラから力を出すことと、ハラの底から声を出すことは連動していた。

その名残はアスリートに見られる。

ハンマー投げの室伏広治《むろふしこうじ》選手に代表されるように、投擲《とうてき》競技の選手はみな大声でうなったり叫んだりする。テニスプレイヤーも、全力で一打を放つときに叫ぶ。マリア・シャラポワの叫び声は有名だ。いずれも一投一打に「力よ、こもれ」とばかりに渾身《こんしん》のパワーを注いでいく。

物売りの声もほとんど聞かなくなった。

かけ声、呼びかけの文化は昭和の中ごろまでは脈々と根づいてきていたものだったが、世の中が声をかけ合うことを必要としない方向に急加速したことで、いまや風前の灯《ともしび》となりつつある。

大声を出すところには、感情の高まりを表出したいという希求、喜怒哀楽の表現としての叫びというものもあった。

歓喜にむせんだり、深い悲しみに慟哭《どうこく》したり、怒りをあらわにしたりという、からだに湧き起こる欲求として叫ぶ。自分のなかで処理できない激しい感情は、泣きわめいたり叫んだり大声をあげて発散することで浄化され、こころが整えられる。いわゆる「カタルシス」だ。

ところが、からだの自然な欲求に任せて叫ぶこともまた、現代社会のなかでは次第に抑圧されていくようになる。

ドイツの社会学者ノルベルト・エリアスは、『文明化の過程』（法政大学出版局）という著作で、文明が発達していく経過はすなわちマナーの進化の歴史であると言っている。

文明が発達してその社会にルールができ、マナーがとやかく言われるようになると、それまでは平然とやっていた行為が、恥ずかしいこと、礼儀にもとることだと思われるようになり、人は他人の目を気にして自分の感情を抑えなければと思うようになる。

感情を自由に表出することを恒常的に抑止しつづけていると、やがて身体が開放性を失い、「興奮なき社会」になっていく、とエリアスは危惧していた。

興奮なき社会——感情を出せない人が増えた

その懼《おそ》れが近年、実際に社会にあらわれてきている。

若い人や子どもたちを観察していて感じるのは、以前に比べてとてもおとなしくなっていることだ。

昔はよく、店先で「これが欲しい！」「買って、買って～」と泣きわめき、駄々をこねる幼児の姿を見かけたものだが、最近はそんな光景に出くわすことが少ない。地団駄ふんだり、地べたに寝ころがって泣きわめいたりする子どもがいない。

聞き分けがいいのは悪いことではないが、感情表現がどんどん乏しくなっている気がする。

大学生なども、まじめに授業に出席するが、どこか覇気に欠ける印象だ。ポジティブな面にも、ネガティブな面にも感情を出さない人が増えている。たとえば、話を聞いていて笑うところで声を出して笑えない。

あるいは、過ちを注意しても反省の色が見えない。以前だったら、注意をするとたいがいは「すみません」とまず口にした。ところがいまは、その言葉がすっと出てこない。特別鈍感なわけではなく、感性はナイーブなのだが、ぱっと反応ができない。

感覚がからだの動きとしてすみやかに伝わっていない。いや、からだで感情をあらわすということ自体を知らないともいえる。閉じたからだになってしまっているのだ。

最近増えている草食系男子というのも、「興奮なき社会」が生んだひとつの姿かもしれない。肉食系を奨励するわけではないが、性欲があって当たり前の青年期に異性に興味がない、セックスに関心がないというのはちょっと不自然だ。からだのエネルギー値そのものが低いのではないか。

こういう人は、仕事にも本気で情熱を注げないのではないかと心配になる。

ムンクの『叫び』

両手で耳をふさぎ、頬をすぼめて口を大きく開けた顔。ふにゃりとした幽霊のようなからだ。混沌《こんとん》とした背景のなかで、赤くうねる空――。ムンクの絵『叫び』には強烈なインパクトがある。

ムンクは、人間のやむにやまれぬ感情を表現しようとした画家だ。しかし同時代の人々からは「狂気の人」というレッテルを貼られ、さっぱり受け入れられなかった。

その『叫び』が、ミュージアムグッズとして人気を呼んでいるばかりでなく、ビニール人形やぬいぐるみなど多彩に商品化されたり、マンガなどでパロディ的に使われたりして、幅広い層から親しまれているという。ケータイの絵文字にまでなっているらしい。ギャグ的な扱われ方をしている面がかなりあるとはいえ、なぜあの不思議な感じの絵が現代人のこころをつかむようになったのか。

この構図の原型となったと思われる一枚のスケッチの脇に、ムンクはこう記している。

わたしは二人の友人と道を歩いていた――そのとき日が沈み――空がにわかに血の赤に染まった。わたしは立ち止まり、何とも言いようのないほど疲れて柵に寄り掛かった——炎と血のように赤い舌が青黒いフィヨルドをなめていた。友人たちはそのまま歩き続け、わたし一人不安に身をふるわせて立ちすくんでいた——そして、自然の果てしなく続く大きな叫びが聞こえた。

(『現代美術の巨匠　エドヴァルト・ムンク』アルフ・ビョー著　吉岡晶子《よしおかあきこ》訳　美術出版社)

エドヴァルト・ムンク『叫び』(1893年)
提供：GRANGER.COM/アフロ

真っ赤な夕焼けを見ているうちに、それが自然を貫く激しい叫びのように感じられて、おののき、耳をふさいで立ち尽くした。

画題となった『叫び』とは、口を大きく開けた人物が何かを叫んでいるさまのように思いがちだが、ムンクはこころに怒《ど》濤《とう》のように押し寄せてきた不安感を表現していた。

十九世紀末、ヨーロッパにはフロイトやニーチェなどが登場し、実存の不安ということがいわれるようになった。ムンクは自分の存在に対する不安感をどのように描こうかと二年余りも模索した末、それを『叫び』として結実させた。空気をつんざくような得体の知れない不安が襲いくる感じを、ムンクは見事に表現した。

じつは『叫び』というのは一点だけではない。構図もタイトルも同じ『叫び』という作品を、ムンクは一八九三年以降、複数点描いている。何度も描かずにはいられないテーマ、それくらい重要なモチーフのひとつだったのだろう。

感情を自分の裡《うち》にとどめておけない、表現せずにはいられない――。ムンクの、放出したい思い、伝えたいという思い、その精神こそが『叫び』の本質であると私は解釈する。

私たちは『叫び』の絵を見て「なに、これ？」と違和感を抱《いだ》きつつも、どこか自分も抱え持っている不安と似たものを感じとり、「ああ、なんとなくわかる」と共鳴しやすいのではないだろうか。

人間には、大きな声で何かを表出したい、叫びたいという感情が本質的にあるはずだと思う。

明るい絵ではないのに、これを見たときに陰鬱な気分になる人は少ない。むしろこの絵が放っている強烈なパワーに、ある種の開放感を感じる。

自分の奥底にある発散できない叫び、抑圧された叫びを、この絵が表現してくれているという感情が湧くのかもしれない。

現代の叫びの場は？

エリアスは、文明化が進んだ「興奮なき社会」のなかで、人はマナーで制限される前の、ちょっと野蛮な出来事に感じていたものをスポーツに求める、ということを言っている。

たしかにスポーツは興奮する。

子どもの運動会に始まり、アマチュア・スポーツでもプロの試合でも、声援を送るというかたちで叫ばずにいられない。そこには日常にはない感情の発散がある。

もちろん、やる側も叫ぶ。

サッカーの試合を見ていると、ピッチ上で選手たちがいかに声をかけ合っているかがよくわかる。ゴールを決めた瞬間には、多くの選手が歓喜の雄叫《おたけ》びをあげる。

熱戦を見守る観客も、ゲームのなりゆきに、歓声をあげたり、悲鳴をあげたりする。

応援歌がスタジアムにとどろく。ブブゼラのような鳴り物で盛り上げることもある。

テレビでワールドカップやオリンピックなどの国際試合を見ていると、「叫ぶ」身体が結集している、と感じる。世界中を興奮させる祭典は、「叫ぶ」というかたちでの身体の開放に貢献している。

翌日にはニュース番組でハイライトが見られることがわかっているのに、好きな競技や応援している選手が出るとなると、つい夜ふかしをしてライブで観戦してしまう。テレビで見ていても、じっと黙って見るよりは、「よし！」「そこだ」「いけ！」「やったァ！」と叫びながら見るほうが爽快感がある。寝不足だがどこかさわやかという気分を、多くの人が味わったことがあると思う。

歌はメロディとリズムにのせた叫びだ

現代社会でのもうひとつの声の発散の場が、音楽——歌だ。

好きなアーティストのコンサートに行き、大声をあげ、一緒にうたったりする。あの快感はスポーツ観戦以上のものがある。

日本人は基本的に、インストゥルメンタルよりも、歌詞がのっている音楽が好きだ。ある作詞家の方が、「歌というのはその歌詞だけを読み上げても、そんなに感動するものではない。だけどそこにメロディがつくことで、こころをギュッとつかむものになる。詞は曲がついてはじめて価値を持つ」とおっしゃっていたが、たしかにそういうところがある。

歌とは、メロディとリズムと詞の相乗効果を楽しむものなのだ。

詞だけを読んで覚えようとしてもなかなか覚えられないが、大ヒットした曲の歌詞は、知らずしらずのうちに覚えてしまう。いつのまにか、からだに入っている。

いまや、大声で叫ぶという行為のほとんどが、歌を「うたう」ことで占められている。うたうことの好きな日本人の発明製品のなかで、カラオケというシステムはピカイチだと思う。

メロディが流れてきて、自分がプロの歌手になりきった気分で、本格的にその歌をうたうことができる。バツグンの防音設備とセットになって、リズム感が悪くても、音程をはずしても、こころおきなく思いきりうたえる環境が整っている。

日本にはすっかり「カラオケ文化」というものができあがっている。

それまではどうだったかというと、誰かがギターを弾いたりピアノ伴奏をしたりするフォーク喫茶やフォーク酒場があった。

その前身には歌声喫茶があり、さらに時代をさかのぼれば、労働歌や民謡がある。

美輪明宏《みわあきひろ》さんの名曲「ヨイトマケの唄」に出てくる「エンヤコラ」も労働の歌だ。

「エンヤコラ」とは、地面をならすために大勢で槌《つち》を滑車で巻き上げるときのかけ声で、このかけ声や、そうして働く人をヨイトマケといった。

「ソーラン節」の「ソーラン　ソーラン」は、ニシン漁のときにみんなで大きなタモ網でニシンを沖に揚げるときのかけ声だ。

大勢で力を合わせてからだを動かすときには、息の詰め開きが大きく影響する。リズムを合わせてうたうことで、力を合わせ、リズミカルな動きができる。

うたいながら働くことで、作業効率も上がっただろうが、そこには「つらい」という気持ちにどっぷりはまり込まないようにする意味もあっただろう。

炭坑節や漁師唄をはじめとして、古くから、田植え唄、馬子唄《まごうた》、牛追い唄、茶摘み唄等々、日本全国津々浦々、じつにさまざまな民謡がある。

叫ぶところには、積極的に外に放つエネルギーが宿っている。それが、自分を鼓舞する力になり、また他者に訴えかけることで、他者を感化する力にもなる。

うたうことは、その大きな牽引力《けんいんりょく》となってきたのだ。

謡う、吟ずる、語る……
日本の「誦《しょう》する」文化の豊かさ

「うたう」という動詞を私は意図的にかな書きしたが、日本語の「うたう」には「歌う」「唄う」のほかにもいろいろな漢字が当てられる。

たとえば、和歌や詩をつくることを「詠《うた》う」という。それに節をつけて朗読することを「詠う」ということもある。朗詠だ。

同じ漢字で、詩歌を「詠《よ》む」ともいう。意味は同じだ。

五・七・五・七・七の三十一音からなる短型詩を和歌、短歌と呼び、歌人といえば和歌をつくる人を指してきた日本人にとって、歌とはそもそも言葉ありきのものなのだ。

能の詞章を節に合わせて朗詠するのは「謡《うた》う」。

小唄や端唄《はうた》、浪曲などを三味線に合わせてうたうのも「謡う」。浪曲は声を少しひしゃげさせるので「うなる」とも表現する。

詩吟は「吟ずる」。お笑いで「吟じます」といって始めるエロ詩吟が流行《はや》ったことがあったが、本来の詩吟は漢詩に節をつけて詠じるものだ。

江戸時代に、藩校などで漢詩の「素読《そどく》」をするとき、独特の節まわしをつけて詠んだのが詩吟の始まりだといわれている。節を長く引き伸ばすので、息が相当長く続けられないといけない。

地続きに、「唱える」というのもある。

声明を唱える、お経を唱える、念仏を唱えるなど、よく響く声で唱したり、調子をとりながら何度も繰り返して声に出す。

また、『平家物語』のような口承文学の流れもある。『平家物語』は書物のかたちでも残されてはいるが、琵琶法師《びわほうし》が琵琶を弾きながら語ったものとして名高い。「詠う」でもあり、「唱える」でもあり、「語る」でもある。それらがいりまじったようなかたちで継承されてきたものだった。

節をつけて声を発するにも、こんなにさまざまな方法がある。

しかも、みなその内容を暗誦《あんしょう》していたわけだ。

少し前まで、「お父さんが謡《うたい》が好きで……」とか「あそこのおじいさんは詩吟をやっている」とか「あのうちのおばあちゃんはよくお念仏を唱えているね」という話がよくあった。木造家屋なので、みんな外に聞こえてきたからだ。

市井のごく一般の人たちが、普通のこととして声を出して誦することをたしなんでいた。

いま考えると、これはなんとすごいことだったかと思う。

「諳んじる」こと——素読の効用

能の謡を習っていたことがある。

稽古は一対一で、先生がまずお手本をやってみせてくださる。それをまねして繰り返す。

復唱といっても、ただ謡い方をまねるのではなく、節の高低のつけ方、伸ばし方、声の調子、息継ぎの場所など、とにかく先生が声を出されるときの身体性をつぶさに感知して、それを写し取る。

何度もそれを繰り返すうちに、謡うことだけでなく「ああ、こうやるとこんなふうに声を出せるのか」というからだの使い方を習得していく。

声を出すものというのは、昔もいまも、そうやって実地訓練を積んで身につけるしかないのではないかと思う。

詩吟の話で少し触れたが、かつての日本の教育のなかには「素読」というものがあった。意味は二の次にして、とにかく文章を読み覚えてからだにしみ込ませる。

空《そら》で覚えて暗唱し、「諳《そら》んじる」。

これもまた、謡の稽古同様、指導してくれる人の読み方、声の出し方、解釈の仕方など、師の身体性や精神性をまるごと学びとるものだった。

素読は、江戸時代から、明治、大正、昭和の初期くらいまでずっと行われていた日本の伝統的学習習慣。いまの八十代以上の方のなかには、子どものころに経験がある方もいるかもしれない。

湯川秀樹《ゆかわひでき》の自伝『旅人』（角川文庫）のなかに、小学校に入る前から祖父に素読をやらされたというエピソードがある。

ひと口に四書、五経というが、四書は「大学」から始まる。私が一番初めに習ったのも「大学」であった。

「論語」や「孟子《もうし》」も、もちろん初めのうちであった。が、そのどれもこれも学齢前の子供にとっては、全く手がかりのない岩壁であった。

まだ見たこともない漢字の群は、一字一字が未知の世界を持っていた。それが積み重《かさな》って一行を作り、その何行かがページを埋めている。するとその一ページは、少年の私にとっては怖《おそ》ろしく硬《かた》い壁になるのだった。まるで巨大な岩山であった。

毎晩、三十分から一時間は、祖父の厳しい指導のもとで素読をやらされた。長い字突き棒で示されたところを、一字一字たどっていく。つらくて逃げ出したい思いだったそうだが、あとから考えると、理系の湯川秀樹にとっても、無駄なものではなかったという。

私はこのころの漢籍の素読を、決してむだだったとは思わない。

戦後の日本には、当用漢字というものが生れた。子供の頭脳の負担を軽くするには、たしかに有効であり、必要でもあろう。漢字をたくさんおぼえるための労力を他へ向ければ、それだけプラスになるにちがいない。

しかし私の場合は、意味も分らずに入って行った漢籍が、大きな収穫をもたらしている。その後、大人の書物をよみ出す時に、文字に対する抵抗は全くなかった。漢字に慣れていたからであろう。慣れるということは怖ろしいことだ。ただ、祖父の声につれて復唱するだけで、知らずしらず漢字に親しみ、その後の読書を容易にしてくれたのは事実である。

むずかしいものを読むことへの抵抗がなくなっただけでなく、とても無理だと思えることを覚えることへの抵抗感も減り、どんなに眠くて疲れていても、必ず毎日机に向かって勉強する構えというものも培われたはずだ。

私が『声に出して読みたい日本語』（草思社）を上梓《じょうし》した一番のねらいは、深い呼吸をしてハラから声を出すことの大切さと楽しさを実感してもらいたいというところにあった。

そして、子どもには難解だと思われがちなものにも早くから触れておくことで、大人の本や古典への抵抗をなくしたいということもあった。

「叫ぶ」からだにスイッチ・オンするには

日ごろから大きな声を出し慣れている人は、積極的にエネルギーを放出していくことを習慣的に身につけている。「叫ぶ」身体性を持っている。

では「つぶやく」ばかりの人はどうか。

「つぶやく」身体は、小出しで消極的だと言った。なぜなら、つぶやきは誰かが拾ってくれないと活《い》きてこない。つねに他者の反応、他者の評価を待つという受け身な姿勢だ。

ツイッターは開かれているといえば開かれたツールで、有効活用できる人にとっては非常に可能性に満ちている。メリットも多い。

だが、もともと自発的に発信する身体性を持っていない人がフォロワー数を桁違いに伸ばしていくことを漠然と夢見ていても、それは現実問題として不可能だ。

つぶやきは拾ってくれる人がいなければ、ただのひとりごとだ。闇に向かってつぶやきつづけるのはむなしい。

コミュニケーションを拡大していきたいのであれば、やはり外に開かれたからだ、「叫べる」身体を持っていなければならない。

では、どうやって「叫ぶ」身体をセットアップしていったらいいか。

まずは、日常生活のなかで挨拶をはっきりする習慣をつけることだ。

じつはたったこれだけのことが、スイッチになる。

挨拶というのは、反射である。慣れている人はさっとできる。「おはよう」と声をかけられて、さっと「おはよう」と返せる人は、どんな声かけにも反応できる。自分から声をかけることもできる。からだが社会に対して開いている。

どうして自分がこの人に挨拶をしなければならないのか、などということを考えずに、どんなときでも挨拶をすみやかにきっぱりやるように心がけていると、人へのレスポンス（応答）が早くなる。対応する反射力がつく。からだが前傾姿勢の構えになる。

カラオケに行って思いきりうたって声を出す練習をするのもいいが、そのときには一緒に行ったほかの人の歌を聴いて、拍手したり、リズムをとったりして、自分をそこに反応させていくことだ。

ムンクの『叫び』をまねして「ほ」のからだ

ムンクの『叫び』のポーズは、手で耳をふさいで世界とつながりを持つことを拒否しているかに見えるが、ふにゃふにゃゆらゆらとした幽霊のからだのようなところがいい。

これがしっかり両足で大地を踏みしめていたら、不安感をこうまで表現できなかったはずで、これは揺らいだ身体でなければならなかった。

揺らぐ身体は、変化にフレキシブルに対応しやすい。耐震設計と同じだ。なまじ土台を強固にかためた骨組みになっていると、揺れに対応できずにどこかがぽきりと折れて、くずれてしまう。むしろ、やわらかく揺れを吸収するような造りのほうが地震に強い。

からだも、気張って踏んばるよりは、やわらかくゆるめておいたほうが反応がいい。

ムンクの『叫び』ポーズのような柔軟さを参考に、届けたいところに声を放つレッスン（①）と、やわらかく相手を受容するレッスン（②）を紹介しよう。

ひとつ目は、「届けたいところにきちんと自分の声が届いているか」に気づくための、声かけレッスン。演出家の竹内敏晴《たけうちとしはる》さんのレッスンをもとにしている。

① 届けたいところに声を放つ

ムンクの『叫び』ポーズのように頬に手を当て「オ」の口にして、まずは強い調子で「ほーッ！」「ほーッ！」と口からボールを投げ出すようなつもりで声を出す。このとき、どこに声を届かせるかを意識する。十メートル先の人に声をかけるのと、五十メートル先の人に声をかけるのとでは、からだのセットが違ってくる。その感覚をつかむ。

首筋に力が入りすぎていると、声はそこで止まってしまう。のどから口先だけで声を出すのではなく、からだという筒に響かせるようにハラから声を出す。

やみくもに大声を出す必要はなくて、声を届けたいところへ向けてはっきり放つことを意識する。

たとえば、十メートル先のこの人に届け、五十メートル先のあの人に届け、と意識を相手に向けて放つようにすると、声は確実に届きやすくなる。どこへ向けて発しているかという意識はとても大事だ。

大きくても届きにくい声もある。さほど大声ではないのに、よく響く声もある。

私に謡の指導をしてくださった先生がよく言われていたのは、「臍下丹田に息を当てるように声を出す」ということだった。からだ全体をひとつの楽器としてイメージして、楽器を鳴らすような感じで声を出す。

稽古を積んで、拙いながらもはじめて能の舞台に立たせていただいたとき、自分の声で舞台のやわらかな床材が振動するのを足の裏で体感して、いたく感激した経験がある。ほかの人の出番のあいだ正坐《せいざ》しているときも、すわっている足から振動がビリビリと伝わってきた。

人のこころに届く話し方というと、たいていの人が話の内容のことばかりを意識する。しかしそれ以前に、聴く側に届きやすい「声」がきちんと出せているかどうかがある。

それを実感することが、「呼びかける」「話しかける」「語りかける」の「かける」ことなのだ。

声が届くことはこころが届くこと

以前、講演会で「私の説明が終わったら、皆さんで一斉に『ほう』と相づちを打ってください」と言って、千人ほどいた会場の人たちに「ほう」と言ってもらったことがある。千人近い人の声が重なると、会場中がひとつの同調性を帯びた受容の空気になった。「ほう」という語には、言葉と息を外に吐き出すと同時に、やわらかく他者を受容する響きがある。ふだんから意識してやっていると、相手に対して自然にこころとからだを開いて、やわらかく接する構えができる。

② やわらかく受容する

全身のりきみを抜いて、海中のワカメのようにからだのこわばりを解きほぐしてゆらゆらさせながら、軽く相づちを打つ要領で「ほ〜〜」と声と息を吐き出す。緊張や萎縮状態をゆるめて、身構えないからだの構えをつくる。

ムンクの『叫び』の口の開き方は、縦に開いた「オ」の口だ。「ア」のように口を全開にすると、息を吐いても拡散してしまう。「ほう」とやわらかく同調して相手に添うようにして人の話を聴くと、そこに意識の共鳴、共振の橋がかかりやすくなる。

全身脱力して「ほう」と言っているようなイメージを持ってみると、『叫び』の顔すらも、なにやら微笑《ほほえ》んでいるように見えてくるから面白い。

やわらかく受容するレスポンスのよいからだのコツをつかむと、外から入ってくるものを自然体で受け入れられるようになる。

「ほぅ　ほぅ　ほたる来い」は「ほ」音でやわらかく呼びよせるのにちょうどよい歌だ。ホタルを呼ぶようなソフトな「ほう」のからだを意識すれば、人あたりの雰囲気がかなり変わってくる。

宮沢賢治《みやざわけんじ》は、何かいい思いつきが浮かぶと、「ほっ、ほう！」と声をあげて、くるくるまわったり飛び跳ねたりしたという。農学校で賢治から教わった人たちの証言だ。強く声を放つ「ほーッ」、やわらかく受容する「ほう」、どちらも持っていたのが賢治だ。

伝わる声、届く声はリーダーシップの基本でもある。

ミュージシャンや舞台に立つ役者さんにカリスマ的な魅力のある人が多いのは、自分の声を圧倒的な力で多くの人に届ける術《すべ》を知っていることと深く関係している。

宝塚の男役スターの方に聞いた話だが、舞台の上では漠然と客席のほうを向くのではなく、観客席の一人ひとりと自分のハラが一本一本の綱でつながっている感覚で向かうということだった。歌舞伎などの小道具で使う「蜘蛛《くも》の糸」を投げかけるような意識で、声を出し、目配りをしているのだ。

観客からすると、それが自分を見てくれたような気がしたり、自分にうたいかけてくれたかのように感じられたりして、いっそう惹《ひ》き込まれていくのだ。

ただ華やかにうたい踊っているだけではない。会場の何百人、何千人のこころをつかむための声や目線といったワザを、彼女たちは日々訓練して磨いている。

ステージ上の存在感や華というのは、単純に舞台映えする容姿かどうかだけではなく、そういう人心掌握のワザの賜物《たまもの》でもある。

日本人が伝統的に養ってきた声の文化を思い出し、「叫ぶ」からだにスイッチ・オンして、あなたのコミュニケーション力を変えてほしい。

2

「触れる」は孤独の特効薬

手ざわり、肌ざわりとストレス

スヌーピーでおなじみのマンガ『ピーナッツ』に出てくるライナスは、いつもお気に入りの毛布を手放さない。その毛布がないと、不安で落ちつかない。ほかの毛布ではダメ、「それ」でなくてはダメなのだ。

特定の何かに強い愛着を示す幼児期の性癖としてよくあることで、心理学でも引き合いに出され、しばしば「ライナスの安心毛布」などと呼ばれている。

愛着の湧く対象物は、毛布、タオルやタオルケット、ぬいぐるみなどが多い。「ふんわり」「ふかふか」「もこもこ」「すべすべ」といった手ざわりや肌ざわりのよさ、あるいはその匂いに要因があるようだといわれている。

子どもに限らず、大人にしても、手で持ったときや肌に触れたときの感触がいいと、なにか「しっくり」きて気持ちがいい。お気に入りの触感のものは、こころを落ちつけてくれる効果がある。

こんな調査結果もある。

幼児に、普通の市販の肌着とやわらかさを二十五パーセント増したソフト肌着の両方を着てもらう実験をしたところ、ソフトな肌着を着たときのほうがストレスホルモンの分泌が抑えられ、しかも免疫機能までも高められるという結果が出たそうだ。

手ざわり、肌ざわり、着心地などというのは気持ちの問題であって、実際の心身の健康とはあまり関係ないと思われがちだが、やわらかく肌ざわりのいい肌着を身につけていると、ストレスも軽減されるというわけだ。

ふだん、私たちは視覚を優位にした生活をしている。触覚とか嗅覚は原始的な感覚と見なされていて、視覚よりもあやふやなものととらえられている。しかし無意識、無自覚のうちにも、このように不安やストレス、免疫力にさえも影響があるということに、もっと注意を向けたほうがいい。

タッチ万能社会になって

触感のとくに鋭敏なのが手。指先の感覚は本当に繊細だ。

人間の感覚や運動神経の細胞が、いかに手指に集中しているかを示す「ペンフィールドのホムンクルス」と呼ばれる面白い図がある。カナダの脳神経外科医ワイルダー・ペンフィールドが、電気刺激実験によって大脳皮質のどの部分がからだのどの部位の神経をつかさどっているかを調べ、その神経細胞の量の割合をからだの表面積で示したものだ。

感覚をつかさどる大脳を中心に人間の姿をかたちづくると、手指、口唇、舌などの感覚が異様に肥大化したへんてこなバランスになる。ほかの部位に比べてそれほど鋭敏にとぎすまされているということなのだ。

最近は「タッチ」するだけでものごとがすいすい進む世の中になった。

駅の改札も、買い物の支払いもＩＣチップ搭載のカードやケータイでピピッとタッチするだけ。コピー機や銀行のＡＴＭもタッチパネル式になり、家庭ではコンロに点火するのも風呂を沸かすのもタッチだけでいい。学生証や社員証、免許証などなど、あらゆるものがタッチでこと足りる。

無機的なデジタルの世界に指でソフトに「触れる」感覚を持ち込んだスマートフォンやタブレット端末の流れも画期的だ。どこにいても、指一本で大量の情報の海を手軽に泳げるようになった。この流れは今後さらに踏み込んで、一人ひとりの指紋を認識するような技術へも進展していくことだろう。

タッチするだけでことが済む便利な暮らしが進んでいるからこそ、私たちは「触れる」や「さわる」といった動作の持つ根本的な意味を見つめなおす必要がある。人間が動詞の持っていた本質的な意味を実感しなくなると、言葉はやせ細り、身体感覚は鈍っ

映画『E.T.』ポスター（1982年）
写真：Everett Collection/アフロ

ていく。

ミケランジェロの描いたシスティーナ礼拝堂の天井画『アダムの創造』に、神がアダムに生命を吹き込むために指先に触れようとする場面がある。

これと非常によく似た接触の構図が、映画『E.T.』にもあった。「触れる」とは、やはり魂が交流することなのではないか。五十年後、百年後にも、人間は「触れる」という言葉をそういうものとして実感することができるだろうか。

「触れる」と「さわる」の違い

「触れる」と「さわる」、どちらも何かに接触したり、かかわりを持ったりする動作だ。「さわる」は、基本的に自分という主体中心の動作である。こちらから意図を持って接し、探索するようなニュアンスがある。手ざわり、肌ざわりなどの感触にしても、自分がどう感じるかの世界。自分発信の感覚だ。

かたや「触れる」は、「さわる」より能動性がちょっと低い。

「手に触れる」「耳目に触れる」「外気に触れる」「古典に触れる」「法に触れる」「逆鱗《げきりん》に触れる」「核心に触れる」……広義に使われるが、いずれも対象を示す助詞は「に」だ。

「〇〇をさわる」とは言うが、「〇〇を触れる」とは言わない。そこに、客体《きやくたい》の動作や作用を感知して受けとろうとするこころの働きが伴う。

「触れる」には、やわらかな受動の姿勢がある。

痴漢事件の被害者は、「さわられた」と言う。「触れられた」とは言わない。それに対して、濡《ぬ》れ衣《ぎぬ》だという側は「さわってはいない」と言う。自分の意思でさわったのか、たまたま触れてしまったのかの違いは大きい。

「触れる」と「さわる」の姿勢の違いは、生き物を相手にしていてもよくわかる。

犬を散歩させていると、「かわいいですね、さわらせてもらってもいいですか?」と言われることがある。

やわらかな毛並みの犬に、単純に「さわりたい」、自分の接触欲を充《み》たしたいだけの人は、毛並みを平気で逆《さか》なでしたりする。人間だって毛を逆なでされたらゾワゾワッとなるのだから、犬だって気持ちがいいわけがない。当然、犬はこの手の接触を喜ばない。犬や猫を飼ったことがない人でも、それをされて相手が気持ちがいいかどうかを想像して察することはできる。

生き物としての犬と「触れ合いたい」人は、なで方が違う。簡単にいえば、息づく生命を感じようとする。自分の感覚を開いて相手の息づかいを感じようとする。犬に対してだけでなく、人との呼吸の合わせ方もうまい。そこでちょっとした雑談を交わして、犬も飼い主も、今日はいい触れ合いをしたな、とご機嫌になる。

「手当て」――さわると治る、触れられて癒される

日本人の民間信仰には、「さわる」ことで治るという発想がある。

「おびんずるさま」のような、さすり仏やなで地蔵が各地に伝わっている。昔から大勢の人にさわられてきた像は、摩耗してツルツルになったり、テカテカ光ったりしている。

自分のからだのよくない部分と同じ場所をさわることによって、向こうから力が乗り移ってきて病が癒える、という考え方だ。

かつては、「手当て」というのは重要な治癒方法だった。

これは日本だけではない。中世ヨーロッパには、王が手を当てると病気が治るという「ロイヤル・タッチ」の考え方があった。つまり、王権の絶対的な力のひとつが治癒力であるというものだ。

シェイクスピアの『マクベス』にもそれをあらわしたシーンが出てくる。


かわいそうなひとびとが、一杯つめかけ、御療治を待っております、いずれも医術から見はなされた病い、それが御手をふれただけで、たちまち癒《い》えます、どういう聖なる力を天からお授かりあそばしたのか。

（福《ふく》田《だ》恆《つね》存《あり》訳　新潮文庫）

十六、七世紀ごろまでの西洋社会では、こういったことが肯定的にとらえられていた。しかし科学技術の発達とともに、オカルト的だ、非科学的発想だといわれるようになって、理性と科学的根拠への信をあつくしたのが西洋文明であり、西洋医学だ。
その点、東洋社会では、「手当て」がからだに心地よい効果をもたらすものとして伝承されつづけてきた。

とくに「さわる」「なでる」「揉《も》む」「押す」といった、いわゆる手ワザでからだをほぐして楽にする手法が、民間療法としていろいろ伝えられてきた。

整体やマッサージをはじめとして、現代はさまざまなリフレッシュ術、心身の癒しのワザが百花繚乱《ひゃっかりょうらん》状態だ。そのほとんどが手ワザによる施術であることをとってみても、人間が上手に手を当てることがいかに気持ちよいものか、よくわかる。

以前は、具合が悪くなってお医者さんに行くと、まず触診をされた。医師は手で触れることで、患者のからだの異変を感じとろうとした。そのこと自体でケガや病気が快癒するわけはないのだが、医師に手を当てて診てもらえているということだけでも、不安をやわらげ、ダメージを軽くする意味があった。

いまはすぐに「検査しましょう」と数値を測り、データをよりどころにする。科学的データ分析によって治療法が目覚ましく進んできたことはたしかだ。しかし、機器が示した数値によって病名が見定められ、対症療法として薬を服用することは、必ずしもからだの状態を楽に、快適にすることとは限らないところもある。

最新医療に難クセをつけているわけではなく、それだけが正しい、それだけが最良の方法と思い込むことはないということだ。

たとえば、整体指導者の野口晴哉《のぐちはるちか》は、みぞおちの力を抜いたり、背中から人に触れたりすることによって、元気を復活させていく活元運動《かつげんうんどう》を説いた。

不調はからだで調整できるという感覚があると、心理的に参ったときなども、からだを通して心身の問題をとらえることができる。

こころの不調をからだで感知し、からだで調整していく術を心得ておくというのは、この長寿時代、そして不安をかかえる人やうつに悩む人が多いいまの時代に、強く求められていることではないだろうか。

肌感覚とスキンシップ

「つかむ」「握る」「なでる」「さぐる」などの行為は、どれも体感していないと力のかげんがわからない。

たとえば、卵をギュッとつかんだら割れてしまう。ロボットに卵をつかませようとするのは非常にむずかしいと聞いたことがあるが、人間は生卵ならそっとつかみ、ゆで卵なら力を入れても大丈夫だということを、ごく自然にやっている。

豆腐なども、くずれないようにそうっとやさしくつかむことができる。

無意識にやっていることだが、それは卵の殻のかたさや、豆腐のやわらかさを知っているから、経験知があるからできることだ。

じつはスキンシップも経験知がものを言う。

『子供の「脳」は肌にある』（光文社新書）などの著書がある臨床発達心理士の山口創《やまぐちはじめ》さんによれば、幼少時にスキンシップを多く受けて育った人は、他者から触れられることに親しみや励ましなどの肯定的感情を抱《いだ》くが、スキンシップの少なかった人は、触れられると緊張し、否定的感情を持ちやすいという。

肌の境界感覚が弱すぎると、人から影響を受けすぎて、つねに他人に合わせることでよい子を演じる過剰適応の行動になる。

逆に肌の境界感覚が強すぎると、自他を隔てすぎてしまう。そのエネルギーが内にこもると自閉的になり、外に向かうと傍若無人な行動になる。いずれにしても円滑な対人関係が結びにくくなってしまうそうだ。

スキンシップ不足で成長した人には、肌の境界感覚に対する経験知が少ない。大学生でも、授業で人と組んでゲームをやるとき、「さわられるのが苦手……」と人と接触することに難色を示す学生がいることがある。そういうタイプは対人関係そのものにかなり苦手意識がある。

人間は、皮膚感覚で動いている部分がとても大きい。本来、感覚は外部に自然に開かれていて、経験を経ることで練磨され、危険の察知や安全の確保に活《い》かされていく。

たとえば、小さいころから相撲を取っていれば、裸足《はだし》で土に触れる感覚、まわしを締めて腰やハラに力をみなぎらせる感覚、相手のからだに触れたときの肌感覚などを知っている。それと共に、どれくらいの力を出すと相手を倒すことができるか、どんなふうにされると自分はどのくらい痛いのかの力感なども体得して、自分自身はどこまで受容できるのか、他者にどこまでやっていいのかの境界感覚が育まれる。

哲学者の鷲田清一《わしだきよかず》さんが本の中でおっしゃっていたが、不安神経症の子どもは、はいはいをするときにも掌《てのひら》を広げて床にさわるのが怖くて、握りこぶしのままだという。そういう子は、触れるか触れないかのようなさわり方をされるのがとても怖いそうで、むしろギュッと強く抱くとか、毛を逆立てない方向になでるとかするのがいいのだそうだ。

他者と触れる経験をあまりせずに育った子どもが、好感を持った相手に触れたいと思ったときに力のかげんがわからずに暴力になってしまうことがあるのも、そういうことから考えると理解できる。

七歳ぐらいまでのあいだに、他者と触れ合う経験をたくさんしておくことが大切だ。最近は圧倒的にだっこ派が増えたが、私はおんぶ経験をしっかりと味わっておくことが人格的な安定につながると考えている。

おんぶは親との接触面積が大きいので、体温や動きが伝わりやすい。あたたかい大きな背中に背負われたときに感じる安らぎは、「触れる」心地よさの原体験として、その子の情緒を支えるものになる。
肌の記憶は、人とかかわる力に大きな影響を与える。

人情、お節介、こころに触れてくるもの

人と触れることが面倒くさい、わずらわしいという人が増えている。情報は得たいし、まわりの人の動向も気になる。人とのつながりの必要性は感じるけれども、面倒くさくなったらシャットダウンしてしまいたいと考える。だがそれは、人と触れ合うのではない。一方的に「さわる」感覚だ。

私は、「触れる」とは、「相手のリズムを自らの身体に浸透させようとする関係の仕方」だと考えている。

「肌が合う」「うまが合う」「気が合う」「呼吸が合う」「相性が合う」などというように、人とうまくいく関係のポイントは「合う」にある。触れ合い方にある。

そこを間違えると、関係性に差し障りが出る。気に障る。

「逆鱗に触れる」とは、目上の人などから激しい怒りをかうことだ。中国の故事に基づいた言葉で、龍はふだんはおとなしいが、のどの下にさかさについた鱗《うろこ》に触れると猛烈な暴れ方をするというところから来ている。

やり方を間違えて相手を刺激してしまうと、マイナスに作用してしまうこともある。だが、それも実際にかかわり合いを持ってみたことでわかるもの。そのリスクを恐れて避けていたのでは経験知は増えない。痛い思い、怖い思いをすることで人間は学習する。逆鱗に触れることを厭《いと》わない勇気が大事だ。

東日本大震災以後、「触れ合い」とか「絆《きずな》」という言葉が見直されるようになったが、いざというときに染みてくる人の思いというのは、ふだん何もないときにはちょっとうるさく、面倒くさいものだ。

「人情に触れる」という言葉もある。人の「なさけ」に触れることだ。

人情にあつい人は、よくも悪くも他者への関心が高い。ひとことでいえば、お節介なのだ。やたらと生活やプライバシーに干渉する。よけいなお世話と思っても、言わずにいられない。

そこには、損得勘定とは関係ない気持ちの動きがある。だからこそ、いいときにも悪いときにも同じように世話を焼く。それによって窮地を救われたり、助けられたりする面も大きかった。

たとえば、年ごろの人が近くにいると、すぐに結婚話を持っていく。その人が誰かと結ばれようが、いつまでもひとり身でいようが、お節介おばちゃん自身にとっては、得にも損にもならない。だけど黙っていられない。そんな存在がいたから、以前はおくてでちょっとぼんやりした人でも、ちゃんと結婚できた。

かつての下町情緒の代名詞のようなもので、いまや絶滅危惧種といえるかもしれない。お節介な人はエネルギー値が高いのでパワフルだ。ずんずん侵入してくる。うるさいなあ、わずらわしいなあと思いながらも、否応《いやおう》なしに巻き込まれ、そのぬくもりのある交流のありように染まっていく。

お節介は、人と人が触れ合ううえでの重要なスパイスだと思う。

「琴線に触れる」とは、その人の感受性に何かが触れ、共鳴、共振があって、感動が湧き、本質的な何かを共有できた感覚をいう。

侵入を受け入れる

社会のなかで孤立感を強めがちな人は、「触れる」関係性を見失っている。

「リアルじゃない」とよくいうが、リアルさが稀薄《きはく》なのは、外に原因があるというよりは、感覚を鈍磨させ、感受性を閉ざしてしまっている側にある。自分自身に外部のものを受け入れる態勢ができていないと、リアルに触れていてもそれをリアルと実感できない。

日ごろからさまざまなことに対してこころを動かす習慣がないと、感じるこころはますます麻痺《まひ》していく。

できるだけ自分の感覚を外に開くようにこころがけ、人と「触れる」関係性を意識することが必要だ。

哲学者メルロー゠ポンティは、感覚する者と感覚されるものとは、ふたつの外的な項として向かい合っているのではない、としてこう言っている。

感覚の主体と感覚されるものとのあいだのこうした交換においては、一方が作用して他方が受けるとか、一方が他方に感覚をあたえるとか言うことはできない。

（『知覚の現象学2』竹内芳郎《たけうちよしろう》・木田元《きだげん》・宮本忠雄《みやもとただお》訳　みすず書房）

能動と受動とは、相互に反転し転換し合う不可分な関係性だ。

たとえば、氷に触れていると手が冷たくなる。手が氷の冷たさを受容している。同時に、手の体温は氷を溶かす。触れることは触れられていることで、どちらが主体でどちらが客体と決まりきった関係ではない。

音楽や絵画などの芸術、自然界の風物の美しさ、身近なものにしても、強いインパクトを投げかけてくるものと出会うことがある。

たとえば、ふと耳にした音楽が胸に響いてくる。聴こうとしてこちらからアプローチしたのではなく、向こうから自分に親和性をもって訴えかけているように感じられて、そこに感動や共感が湧き起こる。

それは誰に対しても同じように飛び込んでくるものではない。自分の感覚の何かがそれに揺さぶられて、印象深く染みてくるのだ。

これも、主体と客体、能動と受動が溶け込んで一体化している。

触れた対象と自分が一体化する、一部分だけであるにせよ自分に溶け込んでくる感覚というのは、侵入されることを怖がり、自分が侵されることは不利益を被ることだと警戒してしまうと体得しにくい。

なぜなら、こういう人はからだが武装解除していない。こころと共に、からだも感覚も閉じている。よけいな侵入をされなくて安心な気がするかもしれないが、かたくなに鎖国をしているようなもので、その状態を続けても孤立感は強まるばかりだ。

外の世界からの刺激を受け入れられないと、自分の世界は広がらない。自分から開いていかないと、新たな可能性は広がりようがない。

雑談から生まれるもの

たとえば旅に出る。旅には美しい景色や観光名所に触れる楽しさもあるが、旅先で出会った人、接してくれた地元の人との触れ合いがあると、いっそう楽しく、思い出深くなる。

買い物をするときも、店員さんと気持ちの通うちょっとした会話ができたときは、ものを購入した満足感以上のものが味わえる。

雑談できるというのは、うまく人と触れ合える力なのではないだろうか。

さまざまなＳＮＳ（ソーシャル・ネットワーク・サービス）が花盛りだが、自分の必要な情報や直接的なメリットを得ようとがっつくのではなく、共振、共鳴できる人と雑談的交流を楽しむという姿勢が大事かもしれない。

最近の若者にとっては、会社や仕事関係の人との飲み会は、面倒くさくて避けたいものの代表格だという。自分たちとは年齢も違う、生活も違う、価値観も違う。仕事に関してならまだ多少は話題もあるが、お酒を飲んで雑談をするなんて、何を話したらいいのかわからないという。

飲み会で自分が疲弊するとは考えずに、そのなかで自分が揉みくちゃにされるのも、ただ仕事をしているだけでは得られないものが醸成される好機だと思って、がんがん混濁にまみれるべきだと思う。

飲み会も、いわば相手の侵入を許す行為だ。

いまではパワハラになってしまうのでやらせなくなったらしいが、昔はバカなこと、笑われることをやって自分をさらし、酒席を盛り上げるのは若手の仕事の一環だった。そうした場で鎧《よろい》を脱ぐことで、交流を深め、絆を深めたのだ。

いまは効率第一で、無駄と思われることは極力削《そ》ぎ落とされていく社会になっているが、酒を飲みながら、たいして意味のないことを言い合い、上司と部下が一緒に酒を飲んでいた環境は、触れ合い方が自然で、社会としての成熟度が高かったと思う。

触覚をもっとときすませるには

演劇のワークショップでよく行われる「ブラインド・ウォーク」というレッスンがある。

ふたり一組になって、ひとりが目をつぶり、もうひとりがサポート役となって手を引きながら、あちらこちらをさわって歩く。

ふだん、私たちは目で見ることで、「これは何か」を見定めている。じゃがいもはひと目でじゃがいもだとわかる。

だが視覚を遮断してさわってみると、そんなに簡単に言いきれない。大きなもの、小さなもの、でこぼこ具合、手ざわり、じゃがいもの種類や個体差によって差が著しく、それがじゃがいもであるということを認識するまでには時間がかかる。

視覚でざっと認識し、脳で勝手な判断をしていることが、いかにものごとを通念的に「流して」しまっているかに気づく。

触覚は一遍に全体像を把握することができないので、手探りで形状や触感を探索し、自分の経験知と照らし合わせて認識判断をしていく。いわば、スローラーニング、ゆっくりとした学びがそこにある。

「ブラインド・ウォーク」をやるときには、手助けしてくれる人に対しての信頼が必要だ。からだの力を抜いて他者に身を任せる構えがないと、ふたりが足並みそろえて歩くことができない。

視覚を閉ざしてみると、日ごろは気づかない匂いや音にも敏感になる。触覚だけでなく、視覚以外の感覚を目覚めさせるのにいいトレーニングになる。

ハイタッチ・コミュニケーション

プロ野球の試合を観ていると、ホームランを打った選手がベンチに戻ってきたとき、チームのメンバーたちが次々とハイタッチをする。いい働きをしたことに称賛を送る意味と同時に、その人の運やツキをお裾分けしてもらおうという共振感覚が感じられる。

バレーボールなどはメンバー六人の息が合っていないとうまくいかないので、成功したときだけでなく、失敗しても「ドンマイ」と声をかけ合い、頻繁にタッチし合い、六人がひとつの息になり、同期するからだになろうとする。

チームでやるスポーツでは、触れることで相手に寄り添い、つながり、魂が交歓する場面が多い。

私の授業では、グループ・ディスカッションをやるときに必ず「ハイタッチ・コミュニケーション」を行うことをルールにしている。

誰かがプレゼンテーションをする前にグループ（三、四人の少人数）のメンバー全員で拍手をし、ハイタッチをして始める。終わったあとも拍手をし、またハイタッチをする。

手を合わせて音を出すという行為には三つのプラス効果がある。

①　からだをほどけさせ、

②　場の空気を温めて盛り上げ、

③　個々のからだを共鳴しやすい状態にする。

最初の拍手とハイタッチによって、場を祝祭感のある明るいムードにしているので、テンションが上がる。話す人も緊張がほぐれるし、聴く側も特別秀逸な内容でなくても意見に共鳴しやすい。

チーム意識も芽生えやすくなる。

ハイタッチでパンと手に触れるくらいなら、男女間でも気にならない。

グループを次々と組み替えて、いろいろな人と触れ合うようにする。すると、授業でたまたま一緒になっただけの学生たちのあいだに、まるでひとつのクラスのような結束ができてくる。

こういうつながりができたあとは、みんなで打ち上げをやろうと自発的に言い出したりするから面白い。

会社でも、会議のときに拍手とハイタッチを取り入れると、場が活性化して議事がまとまりやすくなる。

押しつ押されつ、溶け込む快感

両手を合わせて合掌するポーズをしてみよう。

① まず意識を右手の掌に集中させ、右手が左手に触れている感覚を感じとる。
（目を閉じたほうが意識を集中させやすい）

② 次に左手に意識を移し、左手の掌が右手に触れているのだと感じとる。

③　その次に両手を強く押し合うようにして合掌する。

最初は右の掌に能動がある。②で意識を反転させると、左の掌が能動になり、右は受動になる。主体と客体は、このようにほんのちょっとした意識で転換させることができる。

両手に力を入れて押し合うと、こんどは両掌の合わさったところに合一感が感じられる。同じ合掌でも意識のポイントが変わると、感覚も変わる。ふだんは別々の動きをしている右手と左手が、掌を通じてひとつに溶け込んでしまうような感覚になる。

からだがひとつのものとしてまとまっている状態は、こころが落ちつく。どんな信仰でも祈りのポーズには「合掌」が付きものだ。道具を用いずにすっとこころを整えられるからだ。

親子関係、夫婦や恋人との関係のぎくしゃく感に悩む人は、おそらく相手のこころに言葉をうまく届けられないだけでなく、相手のからだにうまく触れることができなくなっているのではないか。

からだに触れることを考えてみよう。いきなり手を握ったり、抱きついたりするとかえって驚かれ、不審に思われる。まずはマッサージでもしてみるのがいい。最近は小学生でも肩が凝っている子がいる。

相手の肩に触れ、凝りを揉みほぐしてやる。

コツは相手の息を感じること。力任せに押したり揉んだりするのではない。相手の肩甲骨のあたりに手を当てて、呼気と吸気を感じとり、それに合わせて呼気と共にこちらも息を吐きながら押す。

押しているのだが、相手の吸気のときにはからだから手が押されているような感覚を意識すると、りきみが抜けてよく効くマッサージができる。無駄な力をかけないので、やっていて疲れない。

このとき、押してもらう側も、押される力を受け入れてからだをほぐそうという気持ちがあると、押す側、押される側の一体感がいっそう得られやすい。互いの呼吸、からだのリズムが合致していると、互いが相手の侵入を受け入れる態勢になる。

からだが触れ合う実感を持つと、こころが寄り添い、寄り添われる喜びを享受し合えるようになる。

これは、セックスでも同じだ。

自分が主体になり、相手を客体化してさわるのではなく、触れながら感覚が鋭敏になっていくなかで、自分の意思というよりは相手のからだの反応にこちらが動かされているような感覚で触れる。

能動と受動を行き来するような行為のなかで合一する瞬間に得られる快感が、エクスタシーだ。

エクスタシーという恍惚《こうこつ》の肉体感覚は、自己を抜け出していく、脱自し忘我するところで得られる感覚だと、かのフランスの思想家ジョルジュ・バタイユも言っている。

自己を保とうとするのではなく、自己から抜け出して、相手と溶け込もうとするその刹那《せつな》が、何よりも気持ちのいいことなのである。

繊細な感性、魂の交歓

ミシュラン三ツ星の鮨屋《すしや》「すきやばし次郎」の小野二郎《おのじろう》さんは、一年中手袋をはめているらしい。鮨を握る手を守るためだというが、本のなかでこんなふうに語っている。

もう一つの理由は指の腹の柔らかさを保つため。硬いものに触れると指の腹が硬くなりますからね。直接モノを持つこともしません。とくに利き腕の左手の中指、薬指、小指の三本が大事です。なぜ指の腹の柔らかさにこだわるのか。シャリ鉢の中へ手を入れてシャリの温度やほぐれ具合を見分けるのが、この三つの指なんです。シャリの微妙な違いが識別できなくなったら、鮨職人としておしまいですから。まさに命の指。（中略）

命の指でつかんだシャリを左手の中でまとめていく。ふわっとしたおいしい握りができるかどうかは、この数秒足らず、いや一瞬で決まるんです。

（『すきやばし次郎——生涯一鮨職人』プレジデント社）

これぞ超一流の職人の世界だ。鮨は一瞬の芸術だ。お客さんにおいしいと感じてもらうその一瞬一瞬のために、鮨職人として最高の鮨を握る。その最高をつくりだしているのが、指の微細な感覚。これを言葉に言いあらわせることもすごいと思う。

小野二郎さんは、鮨を握ることでお客さんと魂の交歓をしている。

歌人は、うたを詠むことで魂の交歓をする。

手をのべてあなたとあなたに触れたきに息が足りないこの世の息が

二〇一〇年八月に亡くなられた歌人の河野裕子《かわのゆうこ》さんが病床で詠んだこの最後の一首に、私はこころを大きく揺さぶられた。

なんと強い言葉か。触れたいのだ、もっと生きたいのだという切なる思いが、こちらも息苦しくなるほどに迫ってくる。「触れる」ことと息はつながっているのだ。

人と「触れる」とは、魂の交歓だ。

「触れる」こと、「触れたい」という思いは、絶望に向き合わねばならないときにも、人間に強さと希望を与えてくれる力がある。

私たちはこの感覚を忘れてはならないと強く思う。

3

たしかな「見る」目の肥やし方

「目力」の時代

最近よく耳にする言葉に「目力《めぢから》」がある。目に強い力のあること。目の強さが自分を魅力的に見せる最大条件のようになっていて、男女を問わずみんなが目力をつけたがっている。

昔から「目は口ほどにものを言う」「目にもの言わせる」「目顔で知らせる」などの慣用句もあるように、目で人に訴えかけるものは大きい。

若い世代の話を聞いていると、ものごとを鋭く見抜く目のようなものを身につけるのはむずかしいけれど、とりあえず「見た目」の印象として目力をつけるくらいなら、自分にもできそうな気がするという。

どうしたら好印象を持たれるかを考えることは悪くない。ただ、目の力というのは、やはりその人の内側から発せられる目の表情だ。感情のゆたかさだったり、意志の強固さだったり、繊細に目配りできる意識といった、その人の日ごろの姿勢が映し出される。

話してみればすぐに本当のところが見抜かれてしまう。ちょっと見の印象などと言わずに、内側からの目力アップをはかってほしいと思う。

意識し経験知を積むことで鍛えられる

目の機能は鍛えられる。

たとえば、速読のトレーニングのなかには、速い動きに目を慣らし、一度にぱっと見ることのできる視野を広げていく練習がある。最初は一行一行文字を追っていく感じだった人も、練習すると短時間で一ページ、二ページの内容をぱぱっと読んでしまうことができるようになる。

前にも触れたが、舞台に立つ人たちは、どうしたら観客や聴衆のこころを引き寄せられるかを考えて、客席の一人ひとりに投げかけるような目配りテクニックも練習して鍛えている。

嵐やAKB48などのコンサートで、よく、ファンがメンバーの顔写真のついたうちわを持って声援している。会場内を歌いながら動きまわる彼ら彼女らは、なにげなくただ漫然と手を振り、笑いかけているのではない。自分の写真入りうちわのほうにできるだけ視線を送る。するとファンは「ああ、自分のほうを向いてくれた」といっそうボルテージが上がる。

あれも視線合わせ、引き寄せテクニックのひとつだろう。歌や踊り同様、ライブ空間の空気のつかみ方も、場数を踏んで、経験知を積んで獲得していく。

美術品を見きわめる目を持っている人を「目利き」という。どんな目利きの人も、最初から素晴らしい鑑定眼があるわけではない。

文芸評論家小林《こばやし》秀雄《ひでお》なども、骨董《こっとう》にだまされないようにするにはとにかく目の練習が必要で、見つづけないとダメだと言っている。

たくさんいいものを見て、ときには失敗もしながら鑑賞力がそなわって「見る目」ができていくのが、「目が肥える」ことだ。この「目を肥やす」というのも最近使われなくなった表現だ。たくさんの経験を肥料、いわば肥やしにする。それが成長のための栄養となり、判断能力が上がっていく。

その力がすぐれていき、もののよしあし、真贋《しんがん》の区別が的確に見分けられると、「目が高い」一人、「目が利く」人になる。

目の力は、意識することで伸ばしていくことが可能なのだ。

見・観・診・看……「みる」の多彩さ

「みる」という動詞には、さまざまな漢字があてられる。

普通にものを「見る」。

演劇や展覧会、映画などの鑑賞などは「観《み》る」。じっくり何かの経過を「観察する」とか、「人生観を持つ」というところでも使う。

視覚というのはパッとひと目でわかるところに一番特徴のある感覚だが、「観る」は、パッと一瞬見るのではなくて、時間の経過を含み込んでいる。じっくり本質を見きわめたり、持続的に見たり、時間をかけて味わうイメージだ。

実際にその場所に行って検分するときは「視《み》る」。現地視察をするとか、内視鏡検査をするように、そのものの内部に鋭く斬り込んでいく感じの見方だ。

目録などに目を通すのは「覧《み》る」。全体を見渡すようなときに用いる。

医師の診察や診断を指す「診《み》る」。

ケガや病気の看護、介護などの世話をする場合は「看《み》る」。

「診る」と「看る」はどちらも相手とのかかわり方をあらわしている。じっくり相手の状態の変化を見て、それに応じた対応をする。医師の触診は、手でさわることで様子をみる。そういう意味では、総合的に相手と向き合う見方である。「診る」とは「見立て」でもある。

ほかにも、漢和辞典を見ると、「察」「鑑」「瞰」「監」などなど、状況や意味合いによってさまざまな「みる」がある。同義語、類似語も豊富にある。

ものの見方がこれだけ細分化されていて、言語表現として多彩であることからも、人間が「みる」という感覚をどれほど重視してきたかがわかる。

「上から目線」とは?

新しいところでは、「チラ見する」とか「ガン見する」のような表現もある。

「上から目線」というのも、最近急速に使われだした言葉だ。本来そんなに偉そうなことを言える立場ではない人が、見下ろすような雰囲気の言動をとっているときに使う。

つまり、そのものの見方には違和感があるということだ。

「なんでそんなに上から目線なんだよ」と言うと、「あなたはこのことに関してそんなものの言い方をしていい立場、位置づけではないのではないか?」というちょっとしたシグナルになる。イエローカードみたいなものだ。

「見る」とは、ものを対象化する行為。見る側と見られる側、主体と客体を分ける行為だといわれている。

「上から目線」とは、その主体と客体のありように突っ込みを入れられているわけだ。面白い表現だと思う。

「左見右見」しよう──視点転換のすすめ

「左見右見」、この四字熟語が読めるだろうか？
「とみこうみ」と読む。左を見て右を見ての文字どおり、あちこちを見ること。またはいたるところに気を配ること。

道を渡るときに、左側だけ見て「よし行ける」と思って渡ったら危険だ。左右を確認するのは当たり前のこと。私は、ものを「見る」力は、左見て右見てのように、対極的な目を持ちながら養っていくのがいいと思っている。

高いところから見おろして眺めることを「俯瞰《ふかん》する」「鳥瞰《ちょうかん》する」という。全体を広く大きくとらえることができる。

全体の印象をとらえることは非常に重要だが、それだけでは詳細はつかめない。きちんと把握するには、部分部分について深く丁寧に見つめることも必要だ。上から見渡す鳥に対して、地上を這《は》いまわる虫のような目線。ピンポイントに焦点を合わせて、そこを丹念に見る。

両者は、カメラのアングルでいえば「ロング」と「アップ」。「巨視的」と「微視的」という言い方もできる。

「木を見て森を見ず」ということわざは、小さいところだけを見て全体が見渡せていないという意味だが、森だけをさっと見て一本一本の木のことがわかったような気になってはいけない。森全体を見る視点と、木を単独で見る視点、両方を持つ必要がある。

巨視的な人は、全体の印象を大まかにつかみとることが好きだし、微視的な人は、もっともっとと微細なところを見分けていくのが好きだ。とはいえ、自分の好きな見方だけしていては、客体としての対象のとらえ方が不充分だ。

ピンポイントに光線銃のような視線を向けるだけだと、全体を見落とす。だが、サーチライトを当てることができないと、全体のディテールがはっきりつかめず、本質を見逃す。木を見て森を見ずも、あるいはその逆もダメだ。

たしかな「見る目」を養っていくためには、つねに視点の転換ということを意識することが大事だ。

視点や角度を変えるから「見えてくる」

人は、客観と主観を自在に行き来できるようにならないと、社会的にうまく適応していけない。

仕事とは基本的に他者の要求に応えることだ。

芸術家であっても、自分の主観だけで作品をつくっているわけではない。客観的な目、世の中の人たちが求めているのは何かということがわかったうえで、自分の世界、自分の表現というものを築いていく。

ましてや組織のなかで生活していくのであれば、主観、客観の視点の入れ替えは何をしていても求められる。

私は三色ボールペンを使って本を読むという技法を推奨しているが、赤と青は「客観重要」箇所に引く、緑は「主観的面白さ」を感じたところに引く、という基準で色分けをしている。つまり、誰が読んでもここは大事なところという客観視点と、いまの自分にとってはここがとくに面白かったという主観視点とを両方持ちながら本を読み、視点切り替えのワザを自分の身体にしみ込ませよう、という趣旨だ。

視点が固定化していると、いろいろなところで行き詰まる。

考え方を変えようとするのはむずかしいことだが、見方を変えることはできる。

会議でひとつの新しいアイディアが出る。「そんなこと、できっこないだろ」と言下に否定する前に、視点を変えてみる。見方の角度を変えてみる。そうすると、「あれっ、自分たちは夢中になっていつのまにか木の視点ばかりで考えていたけれど、これは森の視点から見た画期的な意見なのでは？」と、そこに気づきが生まれる。

視点を移動させると、同じものごとがまったく違うかたちで見えてくる。

たとえば、現在の医療は巨視と微視、森を見る目と木を見る目、両方の視点ではなくなっていることに問題が出てきている。

医療技術はたいへん進歩したが、あまりにも専門分野に細かく分かれてしまった。たしかにひとつの部位に対する知識は深いけれども、からだ全体でどうかという総合的な「診方」ができにくくなったといわれている。

これからは、総合診療医のような医師がもっと求められるようになるだろう。

漢方では、顔色やからだ全体の雰囲気、舌などをみて、その時々の状態で、「いま、あなたのからだが必要としているのはこういう要素です」と処方してくれる。その見方は「診」であり「視」であり「観」であり、「看」であり、とても複合的だ。

漢方は、からだを「みる」ことがひとつの技術になっている。誰がみてもわかるものではない。気のトレーニングを積んで、感受できるからだになっているから、表情や雰囲気の違和感を感じとることができる。

前章で紹介した整体指導者の野口晴哉も、自分自身のからだのセンサーを働かせて気を感じるという考え方だった。

人の評価も、視点を変えれば変わってくる。いつも一方から眺めるのではなく、見る位置を自分のほうが変えていくことによって、対象の別の面が見いだされる。

会社の人事異動、スポーツのコンバート、ポジション・チェンジなどは、見方を変えることでその人の資質を見る意味があると思う。

スポーツの監督は、名選手であることとは違う能力だ。見るポイントを変えることによって、選手のよさがより引き立つようなポジションに変えることができる人は、マネージメントの才能がある。人をみる力がある。

漢和辞典を見ると、監督の「監」の字にも「督」の字にも「みる」という意味がある。監督とはまさに人を「みる」仕事だ。

ものを見る目は、対比で鍛える。一元的に凝りかたまらない柔軟な姿勢によって磨かれる。

目配り上手

見るというのは、意識を配っていることとの証明でもある。

「視線を送る」というかたちで、意識の線を張る。視線を光線銃のような線として投げかける。「目が合う」とは、それを感知してキャッチしたということだ。

意識の線が相互に通い合っていると関係性が緊密になっていく。

視線が一方通行で、相手となかなかつながらないとき、その原因はどちらにもある。送られた側の感知力が鈍い。いわゆる「鈍感」といわれる人は、視線を受け取ることだけでなく、さまざまなことを見逃している。視線を送る側の意識の線が細いということもある。きちんと相手に届かない。方向性を意識する、届けたい相手に視線を合わせる、その目測を誤っている。

テストでケアレス・ミスの多いそそっかしい人も、細かいところに目配りができないという点で、よく見えていない人だ。

細かいことに気がつくようになると、未然にいろいろなことを防げるようになる。小さなシグナルを見逃さない目が、教師にはとりわけ大切だ。

それがわからないと、いじめがあっても気づいてやることができない。いじめられている子は表情に何らかの異変が出ている。それに気づけているか。そういう目で生徒たちを見ることができているか。

生徒の表情がサッと動いたのを察知する目。あるいは、いつもと様子がちょっと違うところに気づく目。繊細にひとりの変化を見るだけでなく、クラス全体の雰囲気から洞察力を発揮する目。左見右見し、木を見て森を見て、感知してやらないといけない。

気づくだけではダメで、声をかけて、異変の感じられる生徒に「ケアしているよ」ということを伝えられなければならない。

いい先生は、そういう視線をつねにクラス中に張りめぐらしている。一人ひとりにアイ・コンタクトする要領で、意識をうまく線としてつないでいく。

意識を配っていないときは、そちらに視線が向かない。もっとも、目配りの達人になると、その方向を見なくても意識の線を張ることができる。

意識を配れる人は、自分の客観視もできやすい。自分がまわりからどう見えているのかがつかめる。

世阿弥《ぜあみ》の「離見《りけん》の見《けん》」とは、そういった意識をワザ化することをいっていたのだと思う。

アイ・コンタクト——意識の線をつなぐ練習

大学で、アイ・コンタクトのレッスンをすることがある。

最初は全員立っている。ひとりがみんなの前に立ち、自己紹介をしながら、聞き手一人ひとりの目を見ていく。

発言者が自分に対して視線を投げかけてくれた、目が合ったと感じた人は着席していく。「私はいまあなたに視線を送ったよ」と目で伝え、「それ受け取ったよ、つながったよ」と感じてもらえないと、いつまでもすわってもらえない。

三十人ほどの聞き手が次々すわっていく人もいれば、なかなか自分のアイ・コンタクトが通じなくてすわってもらえない人もいる。

人は見ていても見えていないことがよくある。

評論家の倉田百三《くらたひゃくぞう》は、あるとき、目を閉じたら自分のまぶたの裏が見えることに気づいてしまい、そのことが頭から離れなくなってしまった。それまではそんなことを考えたこともなかったのに、気づいてしまったらもう、気になって気になって仕方ない。強迫観念にとらわれてしまう。

私はその話を読んでから、自分の鼻の頭が見えて気になってしようがなくなってしまった。生まれてこのかたそんなことを気にしたことはなかったのに、意識してしまうとかすかに目に入るそれが気になってならない。

私たちは視界に入ったものはみな見えているようなつもりでいるが、実際には脳が意図的に取捨選択している。見てはいるけれど、見えていないということが普通にある。意識するということは、脳に「これは大事」とメッセージを送るようなものだ。

監視社会への警鐘

哲学者ミシェル・フーコーは、「見る」と「見られる」が双方向的な関係性であれば、お互いに見ることができる。しかしそれがくずれ、そこに一方向的な視線が固定化することは危ういことだとして、『監獄の誕生――監視と処罰』（田村俶《たむらはじめ》訳　新潮社）という本のなかで、ジェレミー・ベンサムという功利主義者がつくった刑務所の装置について述べている。

それは一望監視施設である。「パノプティコン」と呼ばれている。従来の監獄とはまったく異なる造りで、真ん中に高い塔があって、そこで看守が監視をしている。塔を取り囲むようにドーナツ状に囚人たちが入れられている房がある。

真ん中の塔のなかは暗くし、囚人の側を明るくしておく。囚人の側からは監視塔のなかは見えない。しかし看守からは囚人の様子がよく把握できるので、少ない人数で一望監視ができる。

するとそこでどんなことが起こるか。

囚人は、いるのかいないのかわからない相手からつねに見られているという意識で、一

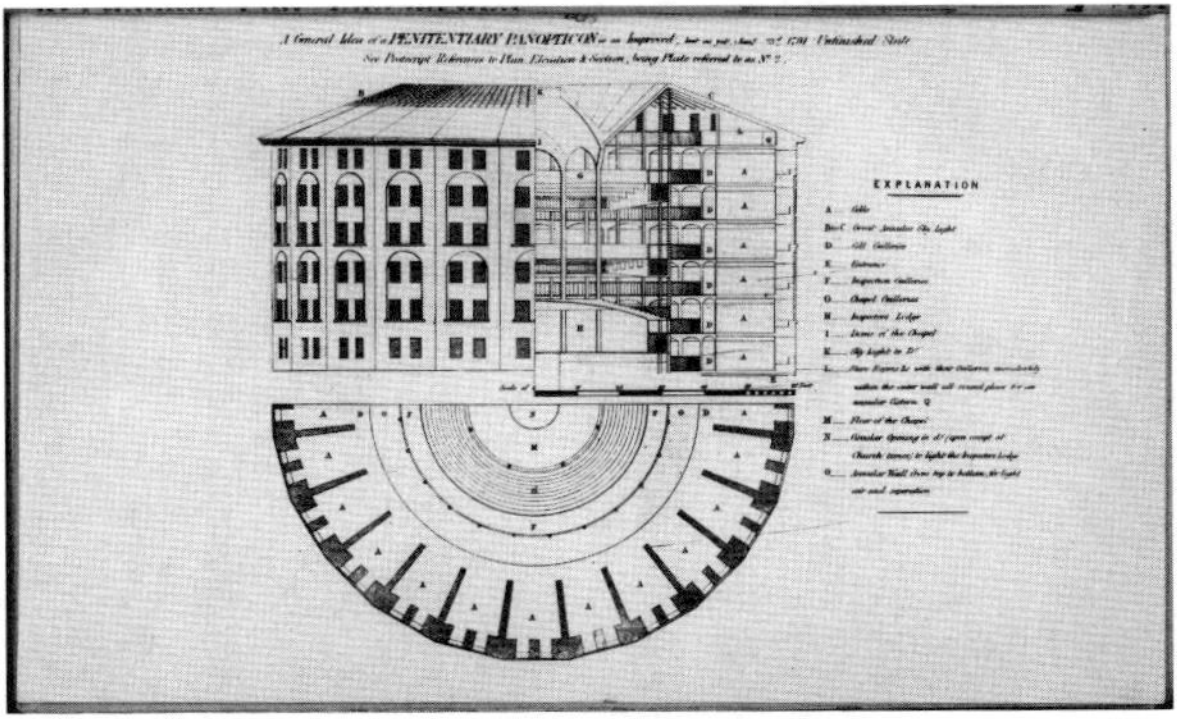

「パノプティコン」を採用した刑務所の設計図
提供：akg-images/アフロ

方向的な視線が身についてしまって、見られることが内面化してしまう。そして自分で自分自身を監視するようになる。

私の読んだ版の口絵には、塔に向かって礼拝している囚人の姿が描かれていた。こちらからは見えないが、相手は何でも自分のことを見通しているという感覚は、神と人間との関係に似ている。次第に自分を監視している看守が神格化され、ある種、神的な存在のように思えてくるというちょっとねじれたメンタリティが醸成されてしまう。

一方向的に見られているという視線が内面化してしまうと、自分自身で自らを縛ってしまう。つまりこれは、人間を管理するものの考え方だ。

現代社会は、この「パノプティコン」的構造が起きやすくなっている。たとえば、まったく知らないところからダイレクトメールが来る。なぜこの会社は自分の住所を知っているのか。どこから情報を得たのか。向こうは知っているけれども、こちらはその情報がどこからどのように洩《も》れたか知らない。

あるいは、いまは街のあちこちにビデオ監視カメラが設置されている。それによって犯罪を未然に防ぐ目的はあるが、同時に私たちはつねにどこから見られているかわからない状況になっている。

一般的なところでこれが人を管理する方式として使用されてしまうと怖い。「マイナンバー」制（国民総番号制）なども、やり方によっては個人情報を一括管理するような方向にも利用できてしまう。

利便性、安全性を追求していくことは社会を効率化するように見えるが、それはまた一方向的監視を強化しかねない危険性と背中合わせでもある。その危うさを知っておく必要がある。

一緒に「見る」、呼吸をひとつにする

人と一緒に何かを見ることとは、見る側、見られる側という主体と客体の立場ではなく、ある種同化することだと思う。だからそこに連帯感、共感が強く湧く。

たとえば、子どもに絵本の読み聞かせをするとき、私は「並び見」を勧めている。向かい合うのではなく、並んですわって読む。あるいは、寝ころがって一緒に絵を見ながら話す。

親子が同じ方向を向いて、同じ目線で絵と物語を共有する。

すると、そのお話は「聞いて知った」ものではなく、「一緒に読んだ」ものになる。能動性が加わる。なおかつ両者のあいだに絆が生まれやすい。ふたりのからだが、ひとつの視線となり、ひとつの呼吸になるからだ。

『巨人の星』の星一徹《ほしいってつ》、飛雄馬《ひゅうま》父子には、父と子の確執がある。

しかしもともとふたりは巨人の星になるんだという同じ夢を持っていた。「飛雄馬、あれが巨人の星じゃ」と指さしながら、ふたりで空を仰ぎ見る。ひとつの星を見つめながら思いを深めていくとき、ふたりのからだはひとつの視線を共有し、ひとつの夢を共有するということでまとまっていた。

デートで映画を観るのも、並んで一緒に観ることが、ひとつの体験の共有になる。緊張するシーンでは一緒に息を詰め、ほっとするシーンで一緒に息を放つ。息の詰め開きのタイミングがそろうことでからだのリズムが共有され、こころがつながっていく。暗がりのなかでときどき手を握ったりして、ふたつのからだはよりつながろうとする。最近は「家デート」と称してどちらかの家でまったりと過ごすカップルが増えているらしい。家で一緒にＤＶＤを見るのも悪くはないが、日常的な空間のなかでよそから届くメールをチェックしつつということだと、ふたりの息がそろわない。

心的なつながりが深まっていくかどうかは、意外とそんな些細《ささい》なところにある。息を詰める瞬間、放つ瞬間のタイミングが合う、すなわち呼吸が合うと、ひとつのからだになったような一体感を得やすい。その典型がスポーツ観戦であり、またコンサートや演劇等、さまざまなライブの場だ。

そこに行けば自分はひとりではないという気持ちになって、力づけられる。

ひとつの空間でいまこのときにしか起こり得ないことを共有している「共時間」、時を共にしているという共時体験がある。その熱気があることによって、見るという行為が共同的に盛り上がる行為になっていく。

すぐれたパフォーマーは、場の呼吸をひとつにするワザにも長《た》けている。場の空気をうまくつくりあげ、みんなを上手にのせていく。

観客側からすれば、好きなアーティストのパフォーマンスを生で見られる喜びは、その人がいまつくっているリズムに自分ものってひとつになる快感、一緒に盛り上がれるからこその楽しさでもある。

同じユニフォームを着たり、グッズを身につけたりするのは、場の身体としてより共鳴したいからだ。

そういうモードに入っているとき、人はもう「見る」というより、からだ全体で体感している。「味わっている」に近い。

4

「歩く」は人生を変える、広げる、つなげる

「歩く」とは足跡を残すこと、発見すること

漢字の「歩」の起源は、甲骨文字《こうこつもじ》の左右の足跡が縦に並んだ形から来ている。右、左と交互に足を出して移動することやその足跡をあらわしていた。

人は「歩く」ことでそれまで知らなかった土地にも行け、見たことのないものに触れることができた。

歩くことは「探索する」ことであり、新しい何かを「発見する」ことだ。

伊能忠敬《いのうただたか》は、江戸時代に日本全国を歩いて測量し、日本全図をつくった。気の遠くなるような作業だ。しかもその地図の正確なことには驚かされる。

忠敬の偉業は有名だ。だが、生涯を測量と地図づくりに費やした人ではない。伊能家に養子に入って、その財政を立て直した商人だった。五十歳のときに跡を息子に譲って隠居すると、江戸に出て天文学の勉強を始める。そして五十六歳のころから全国への測量の旅に出はじめた。

象限儀《しょうげんぎ》や小方位盤などの測量道具も用いたが、基本になるのは歩測だった。一歩の

距離が日によって場所によってまちまちでは正しい計測はできない。一歩が一定の歩幅になるよう、歩測の精度を上げるための訓練、練習も積んだ。

忠敬率いる測量隊はたいへん勤勉で、コツコツと地道に測量を続け、足かけ十七年で日本中を踏破した。

幕府の後ろ盾もあったが、これを完遂させたのは忠敬の、この国を知りたい、日本の大きさや形を知りたいという強い希求だったと思う。

伊能忠敬に測量を学んで蝦夷地《えぞち》（北海道）の測量を行ったのが間宮林蔵《まみやりんぞう》だ。伊能図の北海道の部分は、林蔵によって測量された結果が描かれている。林蔵は樺太《からふと》（サハリン）が大陸と地続きではなく、島であることを発見した。

伊能忠敬が隠居後の第二の人生で天文学を志したのは、地球の大きさを知りたいという思いがあったからだったといわれる。その強い思いが五十歳からの人生のリスタートになり、年齢をものともせずに一歩一歩、淡々と歩みを進めた結果が精巧な日本全図という足跡につながった。

歩くことで人生を大きく変えた典型例だ。

リズムを刻む、時を刻む、ストレスを吹っ切る

歩く速度というのはその人の持つ自然なリズムとつながっていて、のんびりタイプの人はゆったりと歩くし、せっかちな人はせかせかと歩く。

大都市の人は、歩くのが平均的に速い。ニューヨークはとりわけ速いといわれている。都市のテンポの速さが、歩くテンポを速めている。

ある一定の歩幅で前へと歩を運ぶ。リズムを刻んで歩く。それは「時を刻む」ことである。

失敗して「ああ、しまった」と思っても、時間はけっして巻き戻せない。自分の行動や発言に対して、過ぎたことをくよくよしたところで、いまさらなかったことにはできない。

過ぎてしまったことをあれこれ考えるのではなく、過去を吹っ切って、前へ、明日へ、未来へと歩を進める。そういう身体性として、「歩く」という動詞を活用し、自分のものにしよう。

マラソン人口もたいへん増えているが、「歩く」とか「走る」という行動は、日々の生活のなかで感じるストレスを払拭する運動として、一番手っ取り早くて効果的だ。

知り合いに、いやなことがあったら公園をぐるぐる歩きまわるという人がいる。それも、ふだん歩くペースよりもかなり速い速度で、勢いよく歩くのだそうだ。しかし速いペースでどんどん歩きつづけているうちに、うだうだした思いは吹き飛んですっきりしてくるという。

山歩きにもそういうストレス発散効果があると思う。

歩くと景色がどんどん変わる。さまざまな自然との出会いがあり、発見がある。目的地に向かうという具体的な目標があり、こんな山の上まで登れたという達成感もある。

自然のなかで新鮮な空気をたっぷり吸い、体内からよどみを吐き出してしまう。健康にもよく体力づくりにもなるうえに、こころもすっきりする効果を実感できる。

以前は山歩きというと中高年の趣味という印象だったが、最近は「山ガール」と呼ばれる若い女性にも層が広がっている。

自然のなかを歩いているときは、考えることも閉塞的にならないし、同行者との話題も明るく前向きな話になりやすい。

自然に触れると、五感も全開になり、人間の本来持っている身体感覚が開かれ、緊張がゆるむ。解放感を満喫すると、こころも何かにとらわれてしまうことがばかばかしくなってくる。リフレッシュ作用が高い。

一緒に「歩く」ことの癒し効果

ひとりで歩くのも爽快感があるが、それを共有する人がいるともっと楽しい。

恩田陸《おんだりく》さんの『夜のピクニック』（新潮文庫）という小説がある。一昼夜かけて八十キロを歩ききる高校の行事「歩行祭」の話だ。何の事件も起こらないが、これが最後の歩行祭になる三年生のこころに、特別な記憶として刻まれていく。

ふだんは話せないことも、夜、歩きながらだと自然に話せてしまう。夜明けに向かってひたすら歩くという行為は、ひとつの希望に向かって進んでいくことの象徴である。

並んで一緒に歩くためには、リズムを合わせなければならない。同じテンポの運動を繰り返し、下半身の土台を共有すると、自然と共鳴が起こりやすい。同化意識、強いつながり感覚をもたらす。だからふだんよりもリラックスして、言葉のやりとりができる。

並んで歩きながら話していると、ケンカ腰の荒れた会話にはなりにくい。話がかみ合いそうにない場合、口論になるよりは、相手と歩調を変えたくなる。「歩み寄れない」とは単なる比喩ではなく、同調して並んで歩けなくなることだ。

逆に、足並みをそろえて歩いていると、こころが寄り添っていく。

子どもがまだ小さいころ、強く叱りつけた後の空気が気まずくなってしまったことがあった。私は「ちょっと外に出るか」と言って、一緒に散歩に出た。本屋に行ったり公園に行ったりただ一緒に歩いただけだが、ちょっとぎくしゃくしていた雰囲気が自然と氷解していった。

歩きながら話していると、同じことを注意するのでも頭ごなしの説教にならず、前向きな提案となる。向き合ってぶつかっているのではなく、ふたりの身体が同じ方向に向かって横並びで動いていることが大きい。

万感こもごも胸に迫るのが、娘の結婚式でバージンロードを一緒に歩くお父さんだ。うちは息子がふたりなので、幸か不幸か私にはその立場を味わう機会は訪れない。さまざまな思いが去来するなかで、娘をこれからの人生の伴侶になる相手に託す。短い距離だが、娘と並んで歩くバージンロードは、父親として感極まるロードだと思う。

お遍路さん、お伊勢まいり、巡礼の同行者

共に歩く存在がいることで勇気づけられる典型が、「お遍路《へんろ》さん」である。弘法大師《こうぼうだいし》信仰に基づくこの四国八十八箇所の巡拝のキーワードは、「同行二人《どうぎようににん》」。「弘法大師さんがつねにあなたのおそばについていますよ、『行』を共にしていますよ」という意味だ。たとえひとりで歩いていても、弘法大師に見守られているのである。

お伊勢《いせ》参りや善光寺《ぜんこうじ》参りもそうだが、昔から信仰目的の旅は、行く先々で土地の人々から温かく遇され、旅の労苦をねぎらわれるのが普通だった。

あるいは、同じように旅をしている人と、一期一会の出会いをしてこころを通わせる。古来たくさんの人が、心の痛みやさまざまな悩みを抱えながらこの道を歩いてきた、そういう歴史の重み、先人たちの感情の積み重ねもある。

「ひとりじゃない」ことを感じさせてくれるものが、幾重にも積み重ねられている。からだとこころは動いている状態のほうが調子がいい。

セロトニン神経系は、リズミカルな反復運動によって活性化しやすい。一定のテンポで歩きつづけることでセロトニンの分泌が促されるので、心が落ちついてくるのだ。

『東海道中膝栗毛《とうかいどうちゅうひざくりげ》』の弥次《やじ》さん喜多《きた》さんは、ご存じのようにお伊勢参りの道中話だ。だまされ、数々の失敗をし、どう見ても快適な旅とはいえない珍道中だが、あれもふたりで一緒に歩いているから「ひでぇ目に遭ったたなあ」と笑い話として流せてしまう。ひとり旅で有り金全部すられたりしたものなら、気持ちが沈んでどうしようもないが、お気楽な連れがいることで、不愉快なことも笑いに転換できる。

「巡礼」というスタイルは世界のあちこちにある。

スペインのサンティアゴ・デ・コンポステーラの巡礼、あるいはフランスのルルド巡礼。イスラム教にはメッカ巡礼がある。チベット仏教の聖地カイラス山を目指す人たちは、ただ歩くのではなく、五体投地《ごたいとうち》をしながら進む。

自分の足で、からだ全体で、大地を感じながら前に進んでいく行為自体が、こころを前に向かわせてくれる。

巡礼は信仰の中心である大事な場所にお参りすることが目的ではあるが、同じ信仰を持つ人がみんな同じ場所に向かって、同じようなたいへんさを味わうところに意味がある。その一員だと思うと、孤独感を感じにくい。

行動の共有、リズムの共有、精神のよりどころの共有――。信じる神、文化、風土を超えて、人は共に歩くというかたちでこころを整え、つながりを実感できるようにできている。

革命パワーの根っこ

みんなで同じ方向に向かって一緒に歩くという行動が、社会を動かす大きなエネルギーになることもある。

デモなどの抗議運動だ。現状への不満を抱えた大勢の人がどこか一箇所に集結すると、あふれ出るエネルギーがどうしても暴走しがちになる。

そのエネルギーを「歩く」という運動に転換する。非暴力、不服従でインドの独立運動を推し進めたガンディーのやり方は、その好個の例だ。

イギリスによる塩の専売に反対するために、約三百八十キロの道のりを、ガンディーと彼の支持者たちは歩いて意思を示した。「塩の行進」だ。スタートしたときは八十人にも満たなかった一行は、二十三日間のあいだに数千人規模にまでふくれ上がった。

武力で「抗《あらが》う」「闘う」のではなく、「歩く」という運動にそのエネルギーを振り向けたところがガンディーのすごさだった。

その思想は抗議運動のお手本となり、キング牧師の演説で有名な「ワシントン大行進」などにも受け継がれた。

同じ方向を見て一緒に歩く。その流れに乗ることで、みんなの気持ちがどんどんひとつになっていく。一緒に歩きたくなる人の輪がどんどん広がる。

チュニジアの「ジャスミン革命」に端を発したアラブ諸国の民主化運動の広がりも、みんなと一緒に動かずにはいられないというエネルギーによるものだと思う。

デモが拡大した背景には、フェイスブックやツイッターやユーチューブといったインターネット文化の影響があるといわれ、「フェイスブック革命」などと呼ばれたりもした。たしかにネット情報はこれまでにないかたちで、人々を揺さぶるきっかけにはなった。だがいくら情報がハイスピードでやりとりされても、一人ひとりが実際にデモに参加しなければ革命にはいたらない。

塩の行進（1930年）
写真：Roger-Viollet/アフロ

そこに渦巻くエネルギーがあった。「動きだしたい身体」があったから、ネットというツールが意味を持ったのだと私は思う。先に情報ありきではなく、先にからだありきなのだ。

同様の運動が、エジプト、リビア、イエメン、シリア……と急速に広まり、「アラブの春」といわれるようになった。いずれも何十年と独裁体制が続いていて、人々のこころに鬱屈した不満が澱《おり》のようにたまっていた国々だ。

自分も立ち上がらずにはいられない。デモに加わらずにはいられない。そういった「動きだしたい身体」「動かずにいられないエネルギー」があったからこそ、政治を大きくひっくり返すようなパワーになったのだ。

冷えたからだ、停滞したからだで情報を受信しても、すぐに自分も行動しようという気にはならない。人々のからだから湧き上がってくるエネルギーが、歴史を動かしていく。

「アラブの春」とよく似た空気が、日本の場合は幕末にあった。動きだしたい身体、動かずにはいられないエネルギーを充満させた若者が大勢いた。

きなくさい動きもいろいろあったが、その一方で武力蜂起ではなく、「ええじゃないか」のような面白い動きもあった。

「ええじゃないか、ええじゃないか」とみんなが歌い踊っているのを見ていると、一緒に踊りたくなってしまう。伊勢神宮はじめ諸宮のお札が舞い飛び、人々が踊りながら練り歩いたのはただのばか騒ぎだったのかといえば、やはりそうではない。世直しを求める庶民のエネルギーだった。

思想的に深く考えている人だけが社会を動かしていくのではなく、漠然と世の中が変わることを期待している人たちをも巻き込むことで、世の中の動きには拍車がかかる。

人々が意思をからだで示し、一緒に盛り上がることで、社会は変わっていく。

人生を共に歩めるか

昔の映画やドラマでは、お見合いで男女を引き合わせた仲人さんが、「ではお若い人同士で、お庭に出てお話ししてみたらいかが？」などといったシーンがよくあった。

室内で緊張した面持ちですわっているよりは、屋外に出て、庭園でも散歩しながら話をしたほうが、初対面のふたりが打ち解けやすいだろうという配慮だったのだと思う。

向かい合ってじっとすわっていたら、相手の容姿が気に入るかどうかのようなところにばかり目が向いてしまうが、並んで歩いていたら顔のよしあしはそれほど大事なことには思えなくなる。

性格的にうまが合いそうか、波長が合うかどうかのほうに意識が向く。まずは一緒に歩いてみるというのは、じつに理にかなったサジェスチョンだったわけだ。

結婚相手を探したいなら、一緒に歩いてみるといいかもしれない。

自分の希望する条件を提示して、その条件を充たす人のなかから相手を選ぶような方法だけでは、相性はわからない。条件を完璧《かんぺき》に充たしているからといって、結婚してうまくいく保証はない。

一緒に歩くことができるかどうかで判断する。

歩調を合わせるというなかには、一緒に行動するうえでの暗黙の気配りがある。一、二時間のデートのあいだすらリズムが合わず、歩調を合わせられない人とは、生活していてもうまくいきそうにない。歩きながら会話ができないようでは、止まっていたらよけい無理だ。

夫婦というのは、まさに一緒に歩むことができるかどうかがキモだと思う。

結束を固めるために、一緒に歩いてみる

大学のゼミで「神保町《じんぼうちょう》忍者部隊」という試みをやってみたことがある。別に忍者のまねをするわけではない。私が服部半蔵《はっとりはんぞう》よろしく、「散《さん》（散れ）！」と号令をかけ、学生たちが思いおもいに散っていって情報収集してくるところから、忍者部隊と名づけたものだ。

明治大学は神保町の古書店街が近い。演劇関係に強い書店とか、音楽関連の本ばかり置いてある書店とか、個性のある書店がいろいろある。

学生は三人一組のチームをつくる。チームごとにそれぞれテーマを決めて、書店探索に出かける。時間は三十分。帰ってきたら、どんなテーマでどこに行き、どんな情報を入手したか、どんな本を買ってきたかなどを発表し合う。

チームごとにそれぞれ個性あふれた「発見」をしてくる。なおかつ、三十分一緒に歩いてきただけで、出ていく前よりもたいへん仲良くなっている。三人のあいだにチームワークができている。

もともと同じ趣味や思想を持った同士として一緒に歩くのではなく、たまたま同じチームになった相手だが、同じ目的を持って一緒に歩くことで、チームワークが構築されていく。

人間のこころは、からだの動きに依拠している。だから動作から変えていく。そうすればこころもついてくる。

職場でも、上司と部下、先輩と後輩が、意識して一緒に歩いてみるようにするだけでも、関係性が変わっていくだろう。

歩くモードへと自分をスイッチ・オンするにはどうしたらいいか。

たとえば、生活のなかに「歩く」というテーマ意識を持ち、毎日の予定のなかに歩くための時間をしっかりと設けることだ。「なるべく歩くようにする」のではなく、「毎日必ずやる」と決めて、一日のスケジュールのなかに、それをやるための時間をあらかじめ組み込んでいく。

歩くことを日課にし、歩くことへの意識を高めると、歩くことに対して考える時間も増える。

やがて新聞や雑誌を読んでいても、歩くことに関連する記事がぱっと目に飛び込んでくるようになる。それも、自分のなかで「歩く」がワザになっていくことだ。

そこから、俳句の吟行に参加してみようとか、それがきっかけで松尾芭蕉《まつおばしょう》の『奥の細道』ルートを歩いてみようとか、「歩く」をキーワードに自分の関心が広がり、楽しみの世界も広がる。楽しいとそういう時間を優先させたくなるので、「歩く」ことがどんどん生活の軸になっていく。

気がつくとずいぶん人生に変化があらわれているだろう。「千里の道も一歩から」とはよくいったものだ。人はそうやって自然につながっていく。

5

「味わう」——複雑さを楽しむ境地

ている。

美食家の執念

女優の高峰秀子《たかみねひでこ》さんのエッセイのなかに、谷崎潤一郎《たにざきじゅんいちろう》のこんなエピソードが記されている。

文壇きっての美食家として知られていた谷崎潤一郎のご馳走《ちそう》は、料理の味はもちろんピンだったが、私がいつも驚くのは、その徹底した客へのもてなし振りと、彼自身の好物に対する情熱だった。あれは確か、下鴨《しもがも》の谷崎家で辻留《つじとめ》の出張料理をご馳走になったときだった。

前菜、刺し身とコースが進み、つぎは彼の好物の「鯛《たい》のうしお」である。「お待たせいたしました」という声と同時に美しいお椀《わん》が運ばれた。食べもののこととなるとまるで子供のように興奮してあわてる潤一郎の指先が、アッという間にお椀をひっくり返し、すまし汁がビシャッとテーブルに流れたとたん、潤一郎の唇がその汁を追いかけて、ちゅうと音立てて汁を吸い上げたのである。その汁をゴクンと喉を鳴らして飲みこんだ潤一郎は、「ああ、もったいない、もったいない」と呟《つぶや》きながらお椀の中をのぞき込んだ。

（『わたしの渡世日記（下）』文春文庫）

目の前に出されると思わず興奮してしまうほどの大好物を、無駄にしてなるものかという谷崎の素直な気持ちがあらわれている。その場の光景が目に浮かんでくるような描写だ。

高峰さんの文章のうまさもあって、品のいい行為ではないのに、その場においてこれ以上「味わい尽くす」という言葉が似つかわしい行為はなかっただろうと思えてくる。

「味わう」とはからだで感じ分けること

「味わう」とは、ただ「食べる」こととは違う。食べるというのは食物を口から摂取する行為だが、味わうというのはそこに自分自身の感覚を深くかかわらせる行為だ。

同じものを食べても、そこからどんなものを感じとるかは人によって違う。味わい分けるゆたかな感覚を持った人は、感じるものも多い。だが、そこに個人的な感覚があまり働かない人もいる。

最近は家族の生活時間帯がばらばらになって、ひとりで食事をする「孤食《こしょく》」の子どもも増えている。それでもエネルギー源を摂取することはできる。だが、ひとりでただおなかを満たすだけの食事をしていたのでは、食べる行為を楽しむことも、ものを「味わう」感覚を養うこともできない。

ものを食べるとき、私たちは同時にさまざまなことを感じとっている。熱い、冷たいといった温度もあれば、かたい、やわらかいといった質感もある。歯ざわりやのどごしもある。

もちろん、甘い、辛い、酸い、苦いなどの味覚もある。その甘さも、チョコレートの甘さと果物の甘さ、あるいは米をかんでいるうちに感じる甘みとでは全然違う。辛さも、唐辛子系の辛さと塩辛さ、醤油《しょうゆ》の辛さは違う。

においも、見た目もある。同時に多種多様なことを感じている。

味わいのわかる人とは、まず、感覚として細かい差異を鋭敏に感じとれる人ということになる。だが、それだけでは足りない。その複雑さを、自分自身の感覚を通して表現できることが重要になる。

それには、ものを食べながら会話をし、相手と自分の感覚の相違を確認して経験知を増やしていく作業が必要となる。

「孤食」ばかりしていると、味わう力のもととなる感覚の差異化も言語化も引き出されない。人間としてのゆたかな感覚を育む機会を損なってしまう。

一緒に食べる

家族が仲良く食卓を囲む光景は、いまも一家団欒《いっかだんらん》を描くドラマのお約束だ。たとえ息子がグレかかろうが、朝晩一緒に食卓を囲んでいる限り、その家族には再生の芽がある。家庭崩壊は、家族が一緒に食事をしなくなるところから深刻化していく。

「同じ釜の飯を食う」という言葉もあるが、毎日一緒に同じものを食べることで結びつきが深まっていくのはなにも家族だけではない。人間社会の自然なしくみである。原始的な社会においては、食料を手に入れることは生存と直接かかわる非常に重要な行為であった。みんなで集まって獲得した食料を分け合って食べることで、社会性や協調性というものが養われた。

人がつながり合うこととの原型には、一緒にものを食べることが深く関与してきた。

地理学者であるイーフー・トゥアンの『個人空間の誕生——食卓・家屋・劇場・世界』（阿部一《はじめ》訳　せりか書房）によると、中世までのヨーロッパの食事の光景というのは、たいへん騒がしく、かつ粗野なものだったという。

みんなで共用の皿や鉢から直接取って食べ、スープなども手から手へと渡されるひしゃくで回し飲んでいたらしい。

十六世紀後半のイタリアの食の風景を数多く描いているヴィンチェンツォ・カンピの作品に、『リコッタチーズを食べる人々』がある。農民と思われる三人の男とひとりの女が、皿に載った大きなチーズの塊をひしゃくやスプーンですくって口に運んでいるさまは、まさにそんな時代の食の光景だ。

やがて生活にさまざまな区別化が始まる。用途別に食器を使い分けたり、テーブルマナーがいろいろ言われたりするようになる。

住まいも、それまでは広間で雑居しているような状態だったのが、個室を求めるようになりはじめる。次第に人とものの境界ができ、個人的空間ができ、ヨーロッパ近代人が誕生したとイーフー・トゥアンは言っている。

雰囲気も味わいのうち

日本人も同じように、昔はみんなで一緒盛りで食べていたのが、各自の皿に分けて盛り付けるようになっていく。しかし、一緒に同じものを食べるという生の根源的な喜びは、おそらくひとつの鍋や器のものを「分け合う」ことにあった。

いまでも、調理された料理が各人銘々に上品に盛り付けられた食事の場よりも、みんなで鍋を囲んだり、焼き肉、あるいはお好み焼きやもんじゃ焼きなどを食べるときのほうが、はるかに盛り上がる。みんなで集まって、和気あいあいと手を動かし口を動かしからだをかかわらせ合ってものを食べる行為が、人間にとって根本的に楽しいことだからだ。

ドイツの精神病理学者フーベルトゥス・テレンバッハは『味と雰囲気』(宮本忠雄・上田宣子《のぶこ》訳　みすず書房)のなかで、私たちの味覚意識は、食事を共にしている人たちと共有している雰囲気との関連性が強いといった。

ヴィンチェンツォ・カンピ『リコッタチーズを食べる人々』
提供：ALBUM/アフロ

われわれは味わいつつ、われわれの世界に属する他人の「味覚」を共にする。そのことは食事場面で大変はっきりする。ひとはいっしょに食事を楽しむのだが、しかし同時に、食事を共にしている人びとをも楽しむのである。たがいに味覚を見いだし合えない場合には、食事もおいしくない。ここでは味わう行為がどれほど味覚とそもそも手をたずさえていることだろう！　個人のそして文化の精神と味覚にとって食事場面と食卓の会話以上に教訓的なものはなにもない。

そのものの味、一緒に食べている人との会話、場の雰囲気、そういったものがトータルで「味わい」に影響する。

みんなで鍋をやったりするときは、とくにそうだ。どんな人が「鍋奉行」となって采配を振るかによって、味も場の空気もまるっきり変わる。いまこのときにしか起こり得ないことを共有している、時を共にしているという一体感がある。

大勢でものを食べることは、人を味わい、共有している空気と時間を味わっている部分が大きい。

時間の経過のなかでゆっくりと

「味わう」という動詞を、私たちは味覚以外の場面でもよく使っている。その用法は、大きく三つに分けることができる。

①　飲み物や食べ物の味を感じとること。
〈例〉美酒を味わう、歯ごたえを味わう　など

②　ものごとの意味や面白さを感じとること。
〈例〉山の空気を味わう、余韻を味わう　など

③　自分自身で身にしみて体験すること。
〈例〉悲哀を味わう、勝利の喜びを味わう　など

こうしてみると、「味わう」とは一瞬で感じとるような感覚ではなく、時間の経過のなかでゆっくり、じんわりと感じとっていくものだということがわかる。

いまは、何でも短時間でぱっと判断できることが好まれる時代だ。「どんなところが、どんなふうによかったか」ではなく、「よかったか、よくなかったか」と浅いところで白か黒かのような判断をしてさっと流してしまい、興味はどんどん新しいものへと向かっていく傾向がある。本にしても音楽にしても映画にしても、どんどん消費されてしまう。

「味わう」とはそれとは違って、もっとスローな感覚だ。

芸術とは、元来、スローな時間性を求めていたもの。その前にゆっくりたたずんでじっくり見たり、何度も繰り返し見たり聴いたりするなかで、魅力がますます深まっていくようなものだ。

「熱かったか、冷たかったか」は誰でも即答できる。その感覚にはほとんど違いはない。「甘かったか、酸っぱかったか」も即答できる。これもまた感覚的にほとんど違いはない。しかし「おいしかったか、おいしくなかったか」は人によってまちまちだ。味は複合的なものなので、白か黒かのような判断はできないものなのだ。

味わうとは、その複合的であいまいな世界観を楽しんで、感じ分けることである。

他者と感覚を共有するための表現

味の感覚をはっきりと言語化して共有することを仕事にしているのが、ソムリエだ。ワインの味を表現する語彙は独特だが、あれは個人的な感覚で勝手に言っているわけではなく、世界共通表現があるらしい。こういう味わいをどのように言いあらわすかというのが決まっている。

ワインの香りは、果物や花、スパイスやハーブ、木や土などにたとえられるそうだが、香りの表現だけでも軽く五百以上あるという。味について、色味について、液体の清澄度合いなどなど、じつに細分化されているようだ。

ソムリエは、それを単語を暗記するように覚えればいいわけではなく、まず自分の五感でそれぞれを感じとり、その多彩な感覚をからだで記憶し、それを言葉に置き換え、いつでも引き出せる状態にしておかなくてはいけないのだからたいへんだ。

ワインの味わいは複雑で、値段もピンキリ、料理との相性もある。素人にはなかなか判断できない。ソムリエは自分の経験知の引き出しから、そのお客さんの求めているものを探し出して勧める。

ソムリエ田《た》崎《さき》真《しん》也《や》さんによれば、お客さんにワインを勧めるための条件の優先順位は、予算、目的、好み、そして料理との相性の順なのだそうだ（『言葉にして伝える技術――ソムリエの表現力』祥伝社新書）。

特別な記念日の食事であれば奮発して高級ワインを開けたくなるが、ハレの食事でもないのに目が飛び出そうな高価なワインを勧められても困る。その食事がどういう目的のものであり、どのくらいの予算をかけられるかは聞けばわかるし、どの料理と相性がいいかもプロなら熟知しているところだが、そのお客さんがどういう味わいが好みなのか、どんなものを飲みたいと思っているかを見分けるのは、なかなかむずかしい。

予算や目的、料理との相性はコンピュータに検索させるようなことが可能だろうが、お客さんがそのときどんなものを飲みたがっているかは、人間でなければわからない。

結局は、ここでも他者との共感、共鳴ということがポイントになってくるのではないだろうか。

そのときの気分に寄り添うものをアドバイスしてくれるソムリエは信頼できる。共感度の高いソムリエのいる店にはまた行きたいと思う。リピーターがつく。

私は、「繰り返したくなるかどうか」が一流のものかそうでないかを見分ける勘どころだと思っている。

音楽でも文学でも映画でも絵画でも、何度も繰り返し聴かれ、読まれ、見られているものには、簡単には消費し尽くされないゆたかな味わいが必ずある。

玩味のすすめ

いくつもの要素がからみ合っているものを丹念に吟味して、その差異を味わい分けるというのは、深い森に分け入っていくような世界だ。

そこを踏み分け、さらにその奥にあるものを究めていく。どんどん新しい発見をして、味わい分ける世界を広げていく。そこには人間としての深い喜びがある。

茶道でも、味わうのはお茶の味だけではない。そこに懸けられている掛け軸や、活けられている花や、器をはじめとした道具類を拝見して、主人のもてなしのこころをいろいろなかたちで味わう。茶室という狭い空間で主人と客がこころを通わせ合う。「一期一会」とは茶の湯から来ている言葉だが、さまざまな味わいが凝縮された空間だ。

骨董《こっとう》が好きだとか、古書、古地図が好きだというような人は、そのもの自体が持つ意味と共に、そこに刻まれてきた長い年月も味わっている。

石が好きな人もそうだ。考えてみると、石が経てきた時間性はものすごく長い。

味わうという行為は、深めていけば深めていくほどにレベルが上がっていく。複雑なもの、高度なものを味わえるようになることは、たぶん単独ではできない。それができるためには、上手に導いてくれる人や、共鳴、共感し合える人が必要だ。

以前、私はジャズにはまったことがあった。

ジャズ喫茶に行くと、「ジャズは聴くものじゃない。味わわなくてはダメだ」というような濃厚な雰囲気を放っている人たちがたくさんいて、最初は「うっ！」と息が詰まりそうになった。しかしその店に足しげく通っているうちに、自然にそんな壁を感じなくなった。音楽に身をひたすようにして味わっている者同士、ある種、つながっていた。

「味わう」とは、自分がひとりだけでその世界にひたって悦に入るようなものではなく、五感から得た自分の感覚を他者と共有できることが大事なのだ。

そのときに言葉というのも重要で、言葉があることによって味わいが深くなることもある。

次から次へと新しいものを追い求めるのではなく、繰り返しの沈潜に堪えうること。その世界を深くじっくり時間をかけて玩味していくこと。

軽く、浅く、速く流れていく情報を処理するのとは別に、そんな「玩味する力」を持つことが必要になっている。

6

「聞く」とは自分を「開け放つ」こと

「耳をすます」感覚

谷川《たにかわ》俊太郎《しゅんたろう》さんに「みみをすます」（『朝のかたち』角川文庫所収）という詩がある。

みみをすます
きのうの
あまだれに
みみをすます

みみをすます
いつから
つづいてきたともしれぬ
ひとびとの
あしおとに

　　みみをすます

こんな始まりで、文庫本で十一ページにわたる長編の詩だ。

ひらがなとカタカナだけで書かれている。文字を目で読むのではなく、声に出して「耳で聞いてほしい」という気持ちでつくったものだという。耳をすますことで聞こえてくるものが、時空を超えていくつも登場する。

この詩を英語に翻訳したいという話があったとき、「みみをすます」をどう表現するかが問題になったそうだ。

英語には、「耳をそばだてる」とか「耳を傾ける」という表現はあるが、それは何かに意識を集中させて聞こうとする姿勢であって、すべてを受け入れようとする「耳をすます」のニュアンスとは違うと谷川さんは思ったそうだ。

詩のなかに「ひとつのおとに　ひとつのこえに　みみをすますことが　もうひとつのおとに　もうひとつのこえに　みみをふさぐことに　ならないように」というフレーズが出てくるが、何かを聞こうとしてほかの音や声をふさいでしまうのでは「耳をすます」にならない。strain とか listen のような雰囲気だと、ちょっとイメージが違う。

谷川さんはこのとき、日本人はたぶん西洋の人たちとは違う「聞き方」を持っているのだろうと思ったそうである。

耳をすますというのは、緊張して意識をとぎすますという感じではない。むしろ自分のからだをリラックスさせて、いろいろなものが入ってくるようにセッティングしておく。全身が耳になるような感じだと思う。

スタジオジブリの映画に『耳をすませば』というタイトルの作品がある。これは英語では『Whisper of the Heart』と意訳されたタイトルがつけられている。

文学者ラフカディオ・ハーンは、日本人が虫の音を聞いて楽しんでいる姿を見て、とても驚いている。欧米には鳥の声を聞く文化はあっても、虫の音を愛《め》でる習慣はなかったからだ。ハーンは日本のこの風習に興味を持ち、「虫売り」という商売があることに関心を寄せ、人にいろいろ調べさせたりもしている。『虫の音楽家』などの随筆も書いた。

虫の音を聞くときに身をかたくする人はいない。全身をリラックスさせてくつろぎながら、繊細な音の響きを味わう。

最近、そんな耳のすまし方をしているだろうか。

耳は情報を選択している

駅のホームはさまざまな音がしている。

何本かのホームを出入りする電車の音、さまざまな構内アナウンス、ドアの開閉音、乗り降りする人の足音、話し声、発車メロディ、そのほか駅周辺のざわめきも間断なく聞こえてくる。

そのなかで、私たちの耳は必要な情報を適宜ピックアップしている。たとえば「一番線の電車は途中駅の事故のため遅延しています」といった自分に必要な情報は、よく聞きとれる。もちろん視覚情報にも助けられているのだが、もし駅の音を録音機で録《と》っていたら、そのアナウンスだけが特別大きな音ではないことがわかるだろう。耳が、自発的に必要な情報に反応しているのだ。情報の取捨選択がされている。

にぎやかなパーティーなどの場でも、さまざまな音や話し声がしているなかで、自分の関心のあることが話題に出されていると、それがぱっと耳に飛び込んでくる。

ほかの人たちの会話のなかに自分の名前が出てくると、耳ざとくなる。「なになに？何の話をしているの？」とその会話に加わりたくなる。そうすると、それまで会話を交わしていた人の声はよく聞こえなくなって、それまでは聞こえていなかった人たちの会話がクローズアップされるように耳に入ってくる。

このように、注意を払った音や声が選択的に聞こえてくることを「カクテル・パーティー効果」と呼ぶ。

この場合、聞こうとしている会話に対しては回路を開くかたちになるが、代わりに耳に入りにくくなったほうは回路を閉じてしまうような状態になる。

好きな人の声は耳をそばだてて聞きたい。聞きもらしたくない。一方、関心のない人の声はあまり入ってこない。これも無意識のうちに自分の聞きとりたい音を選択しているせいかもしれない。

恋人や家族に対して「えっ、なんて言った？　ごめんごめん、聞こえなかった」という会話をすることが増えたら、相手への対話回路が閉じかけているイエロー信号だといえそうだ。

空耳で遊ぶ

空耳《そらみみ》というのも面白い。

空耳効果をいまのようなかたちで定着させたのは、深夜のテレビ番組『タモリ倶楽部』でやっている「空耳アワー」のコーナーではないだろうか。

もともとは空耳というと、声や音がしないのに聞こえたような気がするとか、聞こえているのに聞こえないふりをすることを指していた。だが最近は、違う言葉に聞こえることを言うほうが多い。これは「空耳アワー」の波及効果といえるだろう。

洋楽の歌詞の一部が、聞きようによっては日本語に聞こえるという趣旨の言葉遊び。

「言われてみればたしかに聞こえる」というのがあのコーナーのキャッチフレーズになっているが、イメージを方向づける映像をつけ、テロップを入れることで、なんとなくそう聞こえてくることにいっそう拍車をかけている。

人間の言語野《げんごや》には膨大な音韻が蓄積されている。その人の知識や経験のもと、頻繁に使う音韻や、重要と見なされる概念などに、優先順位がつけられているらしい。

何かの音韻を聞くと、自分の言語野にストックされているそれに近しい音韻と結びつけられて認識される。つまり、その人の暗黙知に蓄積されている既知の音韻に置き換えられる。

そういった聴覚の錯覚が「空耳アワー」で利用されているのだ。

英語が入ってきた当初、日本人には「What time is it now?」という英語が「掘った芋いじるな」に聞こえたというのは有名な話だが、英語の音韻にまったく触れたことのない人たちには、本当にそう聞こえたのだろう。

聴覚の錯覚を利用して、言葉をもじって笑いに変える風習は昔からいろいろあり、駄《だ》洒落《じゃれ》や地口《じぐち》、語呂合わせなどにも見られた。

私も高校生のころ、「聞き間違い」で盛り上がった記憶がある。

みんなで歌手スージー・クワトロの話をしていたときに、ダボというあだ名のクラスメイトが「えっ、なに？　スズキ・キョウタロウ？」と言ったので、大爆笑したことがあった。スージー・クワトロが、彼にはスズキ・キョウタロウと聞こえたのだ。

彼はそうした聞き間違いが多いタイプで、しかもそのボケ方のセンスがとてもよかった。そこで仲のいい友だちと彼のそうした「迷言」を集めて印刷して冊子にし、クラスで一冊百円で売ったところ、みんなが面白がって買ってくれた。

その金でみんなで焼きそばを食べに行き、高校生としては豪遊気分を味わった。

聞き間違いは、笑いのツボのひとつだ。

「聞く」「聴く」「訊く」の使い分け

一般的に音や声を耳で感じとるときには「聞く」が使われる。

それに対して「聴く」は、意識的に聞こうとするとき、注意深く耳を傾けるときなどに用いる。音楽、講演、講義をきくときは「聴く」になる。

ただし、「聞き入る」「聞きただす」「聞きほれる」「聞き耳を立てる」など複合語の場合は、一般に「聞」の漢字を使うことが多い。

「訊《き》く」は何かを尋ねるとき、質問をするときに使う。現在は常用漢字外の漢字になっているので、新聞などの表記では「聞く」とか、ひらがなで「きく」とあらわされる。

正岡子規《まさおかしき》の俳句に「いくたびも雪の深さを尋ねけり」という一句がある。脊椎《せきつい》カリエスが進行し、出歩くどころか身動きもままならず、子規の世界は「病牀《びょうしょう》六尺」、ふとんの上だけになってしまう。外は雪だと聞いても、雪景色を見に窓辺に行くことすらできない。家人や見舞いに来てくれた人に、何度も繰り返し「雪はどうだ？　どのくらい積もったか？」と尋ねる。「訊く」ことだけが外の様子を知る手立てなのである。

「聞くは一時の恥　聞かぬは一生の恥」ということわざがあるが、あれは意味的には「訊く」ことを指している。こんなことも知らないのかと思われるのを恥ずかしがってそのときに訊かないと、訊くチャンスを逸して一生知らないままになる。知らないことは恥ずかしがらずに訊くことだという警句だ。

ほかに、「効く」や「利く」が使われることもある。「パンチが効く」とか「薬が効く」ように効果が発揮されるときは「効」を、「気が利く」とか「酒が利く」のように働きがある、役に立つというときには「利」を用いる。

自分を開け放つ構え

「パンチが効く」も「薬が効く」も、「酒が利く」も、自分に作用があったということだ。「効く」や「利く」も含めて、「きく」とは自分のからだに作用を及ぼさせることではないだろうか。

からだを開け放して受け入れ、その作用に反応する。

臨床心理学者の河合隼雄《かわいはやお》先生は、相談に来るクライエントから何かを無理やり聞き出そうとはしなかった。相手から言葉が流れてきたら、それを聞く。

相手よりも下、川下にいないと流れてこない。「こうしなさい」「ああしなさい」と言うのは川上からもの申すことだ。この川上というのは、上から目線のこと。たとえば「自由に話してごらんなさいよ」と言うのも、川上からもの言うスタンスだ。河合先生は、相手が子どもでも、川下で聞くようにしていたそうだ。

はじめのうちは、河合先生も相手の言葉にしがみついていた。相手が何を言うかを必死に聞こうとし、それに答えようとしていたという。

しかし、「聞く」とは「言葉を受けとめること」なのだと気がついた。相手が言ったことに真正面から答えて、アドバイスする必要はない。相手はそれを望んでいるのではなくて、話の内容を肯定しようと否定しようと、「言葉を受けとめてもらった」と思えればそれでいいのだ、と思うようになられたそうだ。

長くやっているうちに修練で、ふわーっと聞けるようになったという。

アメリカの臨床心理学者カール・ロジャースの心理療法にも、「アクティブ・リスニング」という方法がある。「傾聴」と訳される。相手に対して指示をしない非指示的療法《ノンディレクティブ・カウンセリング》。すべてを受け入れる聞き方だ。

セラピーの仕事をしている人でなくてもそういう姿勢が必要だ。「聞く構え」のできている人に一方的に話しまくるような人はいない。自分が話すことよりも、聞くほうを優先させることができる。

言いたいことがあっても、相手が話したそうにしていたら間合いを見計らって黙る。つまり、聞く耳を持っている。「聞く」をベースにして、タイミングが合えば「話す」。その切り替えが自然にできる人はコミュニケーション上手だと思う。

「聞く」という行為は自分を開け放つことだ。自分のなかに、相手が投げかけてくれる言葉を受け入れるスペースを空ける。リラックスして、相手に任せる意識がないと、聞き上手にはなれない。

聞き上手が本当の話し上手

エッセイスト阿川佐和子《あがわさわこ》さんは「週刊文春」で「この人に会いたい」という対談のホステスをつとめている。連載はもう二十年目、九百人以上の方と話をされてきている。私も呼んでいただいたことがあるが、阿川さんはやわらかな受容力のある人だ。

雑誌の対談なので、あらかじめ編集者から資料をどっさり渡され、「できれば今日はこんなことを聞き出してほしい」と言われているはずだ。だが阿川さんの話はどこに流れていくかわからない。それは、自分のなかにスペースを空けて対談に臨み、相手が投げた言葉に素直に反応しているからだろう。

話す側としては、「言葉を受けとめてもらった」実感があってうれしい。長く続いている理由は、どんな人の懐にもすっと入ってしまえるようなあの受容力、オープンさにあると思う。

対談とかインタビューには、たいていレジュメがある。編集者がこういう方向でまとめたいと想定した流れがある。もちろんそれはそれでいいのだが、本当にいい対談やインタビューは、レジュメを超えた想定外のものになるときだ。

スペースを空けて臨み、相手の言葉を受け入れる。それが自分の考えと混じり合って、化学変化を起こして新しい思いつきやアイディアに広がっていくときは、脳がスパークするような感覚を味わい、非常に楽しい。興奮気味に終わる。

反対に、「今日は、これとこれとこれの話をしようと思っていました」と、絶えずメモを見ながら話す人もいる。こちらがそこから少し離れた話題にふくらませようとしてもそこには反応しない。「それでさっきの件ですけど……」とまた話を戻されると、ちょっとがっかりする。

せっかく直接会って話をする機会なのに、想定内のことだけで終始していてはつまらない。この人は自分の考えた段取りで進めたいだけであって、こちらの話を聞く耳を持っていないな、とわかる。

話を聞けない人は、自分のスペースを明け渡すことができないタイプの人だ。

聞けるようになった人

「聞く」姿勢は、社会生活のなかでのマナーでもある。成長過程で獲得すべきワザだ。だが、これができないまま大人になってしまう人もいる。とくにその人に何かすぐれた才能があったり、もともと話がうまかったりすると、「聞く」側にまわる機会がないまま成長してしまう。

私の教え子のなかに、人の話を聞けない学生がいた。論理的に話すこともでき、頭もいい。話したいことがつねにある。彼が話しはじめると独壇場になってしまう。しかし、聞く構えがとれない。大学時代、仲間からも「あいつは人の話を聞かないからなあ」と言われていた。

その学生が教師になり、特別支援学級の子どもたちのクラスを受け持った。学年もばらばら、症状も一人ひとりみな違う。この子にはいま何が必要なのかを見てとって、それぞれの言うことを聞いてあげないといけない。

彼は、クラスの子一人ひとり全員に、毎日プリントをつくって個別指導をすることにした。

教師になって一年後に会ったら、驚くほど人の話が聞けるようになっていた。人に対する関係の仕方が変わった。「聞く」能力を得たことで、彼は目覚ましい成長を遂げていた。

古代ギリシャの哲学者エピクテトスは、「神は人間に耳をふたつ与えたが、口はひとつしか与えなかった。それは人間が話すことの倍、聞くようにとの思し召《おぼ め》しからだ」という言葉を残している。

賢い人とは聞ける人であり、真の話し上手とは聞き上手な人だと思う。

やわらかな受容——目を見る、うなずく、相づちを打つ

自分にスペースを空けて、相手の言葉を受けとめる。

そして会話の波に乗って、対話の海を臨機応変に行き来する。

そんな聞き方ができたら理想的なのだが、それがむずかしいという人は、とにかく相手の言葉に反応することだ。

「目を見る」「うなずく」「相づちを打つ」

最低限この三つをきちんとやっていると、聞く気のある人だということはわかっても

らえる。

聞く姿勢の基本なのだが、存外、これができない人が多い。なぜなら、学校生活でこうした「聞き方」をしてきていないからだ。

学校の授業では、「きちんとすわって静かに先生の話を聞きましょう」という方向のことばかり言われる。「人と話をするときには相手の目を見ましょう」「相手の言葉にうなずいたり相づちを打ったりしましょう」ということを教えない。

結局、社会に出てから、そうしたほうがコミュニケーションがスムーズにいくことを知るのである。しかし大人になってからというのは、なかなか習慣が変わりにくい。本当は小学校の段階から、この習慣を身につけるようにしたほうがいいと私は思っている。

「叫ぶ」のところで、やわらかく受容する「ほう」という相づちの打ち方の話をした。私はこれを精神科医の神《かん》田《だ》橋《ばし》條治《じょうじ》さんの本から学んだ。

> 私は、「ほう」の声を次第に小さくして、患者がようやくききとれるほどの小声にしていった。そして、いつの間にか、声を出さなくなってしまった。ところが、声が出ていないのに口の動きは「ほう」と動き、音にならない声にこめている感情に同調した表情や身振りはそのまま残った。
>
> （『精神科診断面接のコツ』岩崎学術出版社）

「ほう」という音をはじめは大きく出し、だんだん小さくしていくと、声が出なくなっても「ほう」のからだのままで、回路が閉じない。相手の話を聞きながら「ほう」とところとからだを開いていく。これは聞く構えだけでなく、からだをオープンにする構えの練習にもなる。「ほう」だけでなく、は行の音はわりと相づち向きだ。くだけた感じになるが、「へえ」とか「ふう～ん」「はは あ～ん」などもやわらかい。

「ええ」「そうそう」「なるほど」なども言葉の響きがやわらかい相づち言葉だ。

か行の言葉で相づちになりそうな言葉はあまり見当たらない。か行は、小さくキュッキュッとまとまって自立する音なので、息がほどけていく音にならないからだろう。

聞こえないことの孤独

ヘレン・ケラーはある手紙のなかで、目が見えないことと耳が聞こえないこと、どちらがよりつらいかといえば耳が聞こえないことだと語っている。

私は目が見えないのと同様、耳が聞こえない。耳が聞こえないということは、目が見えないことより重大とは言わないまでも、より深刻で複雑だ。耳が聞こえないほうがずっと不幸だ。かけがえのない刺激である人間の声——言語をもたらし、思考のきっかけとなり、人間同士の知的なつきあいを可能にする声——が伝わってこないからだ。

（『「感覚」の博物誌』ダイアン・アッカーマン　岩崎徹・原田大介訳　河出書房新社）

見えなくても聞こえれば、周囲の人の息吹が伝わる。そこに誰かがいて、自分を支えてくれることがわかる。だが音のない世界は、近くにいる誰かの気配を感じることができない。他者とつながることができない。どちらがより孤独を強く感じるかといえば、耳が聞こえないことのほうだというのだ。

これと同じことを、盲ろうの東大教授福島《ふくしま》智《さとし》さんも言っている。

福島さんは九歳で失明、十八歳で聴力を失って、全盲ろうとなった。

盲ろうとなって最もつらかったのは、周りの状況がまったくつかめなくなったことと、他者とコミュニケーションが極端に困難になったことである。私はこの「世界」にありながら、実は別の「世界」で生きていた。

（『生きるって人とつながることだ！』素朴社）

それは「底知れぬ孤独だった」という。

おそらく、目も見え、耳も聞こえている人に、どちらを失うことを深刻だと思うかと尋ねたら、目と答える人が多いだろう。だが、聞こえないことはまったくの孤独なのだ。聞こえるということは、それだけで他者とつながっていることなのだ。「聞く」ことで得られるものを、再認識してみよう。

音に身をひたす

音とは振動である。振動数（周波数）、振幅（音圧）、波形という要素を持った音波が、空気の振動として伝わるものを、私たちは音として知覚する。

たとえば、仏壇に御鈴《おりん》がある。チーンと鳴らす。その波動が耳の鼓膜を揺さぶるから聞こえる。

その響きに身をひたしてみよう。空気全体がシーンとしているなか、音と自分を一体化させるように鳴っている音に揺らぎを感じる。その静かな振動に身をひたしていると、こころが安らいでくる。

波音のリズムに身をゆだねていると、やがて波と自分のリズムが一体化してこころが落ちついてくる。

日本人は、「音」をこころを落ちつかせるものとしていろいろな楽しみ方をしてきた。

たとえば、鹿威《ししおど》し。流れ落ちる水を竹筒で受け、ある程度水がたまると筒が傾いて石などをたたいて「カコーン」という音を出す。あれも一定のリズムが心地よさをもたらしてくれる。水琴窟《すいきんくつ》のようなものもある。地中に埋めた瓶《かめ》に水滴が共鳴して「ピチャン」と澄んだ音を響かせる。

水の響きがこころを落ちつかせる背景には、人間のからだもかなりの部分が水でできているからかもしれない。「水のようなこころ」という言い方があるが、水のように柔軟で、響きのいいこころを保てると、ストレスは確実に減る。

圓光寺の水琴窟 京都府
写真：アールクリエイション/アフロ

共振を楽しもう

私はいまチェロを習っているが、弦楽器を弾いていると、音というのはまさしく振動だと実感する。うまいへたは関係なく、楽器の響きが直接自分のからだに伝わってくる。ある弦を弾くと、別の弦が共振することもある。

「聞く」ことは震えること、他者に触れて「共振する」ことだと思う。対話をしていて、相手の話と自分の考えが化学変化を起こすときは脳がスパークする感覚だといったが、それは共振が起きているのだ。

共振がたくさん起こるときほど、会話は楽しく、盛り上がる。共振現象を楽しむ、これは生きていることを楽しむ重要な要素だ。対話すること、音楽に触れることには、その喜びがたくさんある。

イーゴリ・ストラビンスキーの『春の祭典』というバレエ音楽がある。不協和音の連続のため、初演のときは観客から非難ごうごうで、気分が悪くなる人まで出たという。だが、いまでは二十世紀のバレエ音楽の傑作といわれている。

ザ・ビートルズも、デビュー当初、大人たちからは「あんなうるさいものは音楽とはいえない」と批判された。しかし、いまや世界中に浸透している。

「こんな音楽は嫌いだ」とか「自分の趣味に合わない」というのは、ある意味こころのかたくなさだと思う。好きとは思えなくても聴いてみる。聴くことで、自分がこころから好きだと思えるものとそうでないものとの違いを知ることができる。

それも、聞く耳を持つということになる。

何かと何かを聞き分けることができるようになると、反応の仕方、関係の持ち方も変わる。

赤ちゃんは、ただオギャアオギャア泣いているのではない。犬もいつも同じようにワンワン吠《ほ》えているわけではない。そのときによって泣き方、吠え方が違う。

お母さんになりたてのころは赤ちゃんの泣き方の違いがわからなくても、ずっと一緒にいるうちに、この泣き方の理由は何だということがわかるようになり、対応できるようになる。それは赤ちゃんに共振しているのだ。

犬も、みんなが帰ってきたときの声と、遊んでほしいときの声と、餌がほしいときの声と、みんな違う。ずっと聞いていると聞き分けられるようになり、それによってこちらの対応が変わるので、犬の反応も変わってくる。

たくさん聞いて、その声や音になじむことも、相手を受け入れる道のひとつだ。

「飛《ひ》耳長目《じちょうもく》」、見聞が広く、観察力、情報収集力に長《た》けているという意味の四字熟語がある。

吉田松陰《よしだしょういん》は、自分が見聞したことを「飛耳長目録」として記録し、松下村塾《しょうかそんじゅく》の塾生たちにも、情報収集の必要性を説いた。

耳をすましてよく聞きなさい、遠くまでよく見通しなさいという発想には、遠くにいる人、遠くに感じられるもの、いわば自分たちにとって異質なものに対して、しっかり聞く耳を持とう、目を向けようということだったと思う。そういうところにこそ「耳寄り」な情報があることを松陰は感じとっていた。

古今、開明的、先進的といわれてきた人は、外から情報をインプットしようとするだけでなく、内から自分を開け放つことができる人であった。

7

「考える」ポーズ

あなたは上を向く？　それとも下を向く？

「この問題について、きみたちはどう考える？　三分後に発表してもらいますから、自分の意見をまとめてください」

授業中、学生にこう言うと、上を向いて考えはじめる人と、うつむいて考えはじめる人といる。

社会人相手のセミナーでも、小学生に「では、いま読んだ本の感想文を書こう」と言うときでも、ほぼこのふたつのタイプに分かれる。

考えるときの姿勢にべつに「正解」はない。が、想像を広げていくときには上を向いたほうがアイディアが湧きやすく、思考を絞り込んでまとめたいときには下を向くほうが集中しやすい、と私は考える。

たとえば、いろいろなアイディアを出すとき、思いを巡らすようなときは、上を向いたほうが思考は広がっていきやすい。想像力を羽ばたかせやすいのだ。

「思いを馳《は》せる」という表現がある。この「馳せる」とは、走らせたり飛ばしたりするベクトルが、前へ、上へと放たれている。

マンガで何かを想像しているシーンというのは、たいてい頭上にふわふわと雲のようにイメージがふくらむ感じに描かれる。

上を向くのは考えるときのごく自然なポーズだ。しかし三分間で自分の考えをまとめなければならないとき、意識が拡散してしまってはあまり効率がよくない。

思考を整理して集約していく必要があるときには、集中が必要だ。そのためには、鉛筆やペンを持ち、紙に向かって頭のなかに浮かんでいることを、どんどんメモにして書き出すことから始めたほうがいい。

そして、浮かんだ項目のなかで一番大事なのはどれか、次に大事なのはどれかと優先順位をつける。自分が意見を言う時間が三十秒くらいだったらこれを言う、一分あるのであれば、これとこれを言おうと決める。

短い時間内に小論文を書くときは、この要領で頭を整理してから文章をまとめればいい。

「考える」にもいろいろある。自分がいま何をしようとしているかによって、それに向いた姿勢も自《おの》ずと違ってくる。

「仰ぐ」先には憧れがある

上を向いてもの思う。天を仰ぐ格好で思いをふくらませることは、「憧れ」に通じる。「仰ぐ」というのは、尊敬する人、憧れる人がいて、その人のようになりたい、その人のレベルに近づきたいと上を見ながら励むことだ。

孔子《こうし》は、弟子の顔淵《がんえん》（顔回《がんかい》）をたいへん買っていた。顔淵をおいてほかに学問好きといえるような人物を知らないとほめ、顔淵が早逝すると、「天はわれをほろぼした」と慟哭《どうこく》したほどだ。

顔淵が優秀で素晴らしかったのは、尊敬する孔子に近づきたいという切なる気持ちがあったからだ。顔淵は、先生は仰げば仰ぐほどによりいっそう高く感じられるという言葉を残している。

そういった憧れをかきたてる存在がいると、明るい向上心を保ちやすい。

うつむいて世界を閉ざし、かかえ込んだ課題を自分ひとりでクリアしようとする姿勢は、がんばっているようでいて、じつは狭量だ。井のなかの蛙《かわず》でいては、向上につながりにくい。

仰ぐ師がいてこそ、人は伸びる。

「仰げば尊し」というのは、仰ぎ見る存在を持っていることはなんと幸せなことか、という意味がこめられた唱歌だと私は思う。

考えるしぐさ――頬杖と腕組み

ものを考えるときによくするポーズ、クセにはどんなものがあるだろう。

頬杖《ほおづえ》をつく。

あご、頬、こめかみ、額などに手を当てる。

腕組みをする。

小首をかしげる。

なかには、推理小説に登場する探偵金田一耕助《きんだいちこうすけ》のように頭をかきむしり髪の毛をぐしゃぐしゃやるような人もいる。

シャーロック・ホームズはパイプをくゆらせていた。いまはタバコが吸える場所が限られてきたが、思考を深めるときにはタバコを吸わずにはいられないという人もいる。

スーパーなどに買い物に行って「今日の晩御飯は何にしようかな?」と考えているとき、あごに手を当てている人が多い、とテレビでやっていたことがある。

夏目漱石《なつめそうせき》の一番有名な肖像写真は、首を右に傾け、こめかみに手を当てているものだ。

芥川龍之介《あくたがわりゅうのすけ》の写真も、あごに手を当てた肖像がよく知られている。どちらもいかにも文学者らしくて、知的な印象がある。

手話では、こめかみに人差し指を当てるのが「思う」とか「考える」という意味を指すそうだ。「思う」は人差し指を当てる。「考える」は人差し指をグリグリと動かす。こめかみに人差し指というポーズは、考える姿勢を象徴しているのだろう。

ちょっとうつむきかげんに首を下げ、目をつぶる。何かを思い出そうとするときによくやるしぐさだ。

自分のなかから考えや記憶を引き出そうとするときは、目を閉じることで意識を外界から遮断し、内なる意識や暗黙知の海へと思考を向ける。

そういうときは、何かを「引き揚げる」「釣り上げる」イメージを持つとより効果的だ。

漁や釣りにはリズムが要る。考えるときに、テーブルなどをタンタンタンと小さく叩《たた》く人がいるが、ある一定のリズムを刻むことで釣り上げやすくなるのだろう。貧乏ゆすりやペンまわしといったクセも、おそらくリズムと関係している。

ひとりで考えているときにはどんなポーズをしようとかまわないと思うが、人と話をするときは要注意だ。

頬杖をついたり、腕組みをしたりするのは、あまり好印象を与えないことが多い。面接試験でやったら、真っ先にはじかれてしまうだろう。目上の人の話を聞くときに首をかしげてばかりいると、「私の話を信用できないのか？」と思われてしまう場合もある。

無意識にやってしまうのがクセだが、自分のクセが人にどういう印象をもたらすかはきちんと知っておいたほうが身のためだ。

ロダンの『考える人』

考えるポーズといって思い浮かぶのが、ロダンの彫刻『考える人』。インパクトのある彫像である。

筋骨隆々とした肉体美の男が、裸で、何かを「思考」している。

このような筋肉ムキムキの肉体で表現されるのは、普通なら、弓を引くとか、槍《やり》や円盤を投げるとか、エネルギーが外へ放出されている勢いのある姿だ。躍動する身体を通して、力強い美が表現される。

ところが『考える人』は、静なる肉体だ。沈思黙考している。そのギャップがあるから、よけいに印象に残る。

ポーズも不思議だ。右ひじを左のひざ上について、からだを軽くひねって頬杖をついている。すわっているが、前のめりでかかとが上がっている。安定した姿勢ではない。

少なくとも仏像の持つ落ちつきとはかなり違う。日本人から見ると、なにもこんな格好で考えごとをしなくても、という気がする。

たとえば、京都、広隆寺《こうりゅうじ》の弥勒菩薩《みろくぼさつ》は、「半跏倚坐《はんかいざ》」の仏像として有名で、国宝に指定されている。腰かけて左足は下げ、右足を左ももにのせ、右手の薬指を頬に当てている姿は、深いもの思いにふけっている雰囲気がある。

ロダンは、ダンテの『神曲』にインスパイアされて、『地獄の門』という大作に挑む。結局この作品は完成しなかったのだが、そのなかの一体としてつくられたすわる男の像がたいへん人気を呼び、何体も鋳造されることになった。それが『考える人』だ。

ルネサンス期の代表的芸術家ミケランジェロに強く影響を受けたロダンは、ミケランジェロを経由して、古代ギリシャの文武両道的な雰囲気を踏襲し、このようなマッチョさと知的内向性が同居した彫像をつくることができた。

制作の経緯からして、地獄の門の上から、奈落の底に落ちていく人間たちを見ている姿だとする説もある。たしかに、身を乗り出して下界のさまを覗《のぞ》いているようにも見える。

あのポーズをまねしてみるとわかるが、安定した格好ではないのだが、ちょっとひねった頬杖によって、からだがロックされる。あごに当てた右手の手首をぐっと内側に折り込んでいることもあって下を向く視点も定まり、意識がぎゅっと絞り込まれていく感

オーギュスト・ロダン『考える人』（1926年）
写真：栗原秀夫/アフロ

じになる。思考のレンズ作用のようなものだ。太陽光線をルーペで集めて一点に集中させると紙が焦げる。それと同じように、思念をひとつの方向へ沈めていく。

沈思黙考の沈思とは「思いを沈める」こと。「思いを巡らす」のではなく、一点に沈めていく。それが「思いが定まる」ことである。

『考える人』の姿からは、外界に対して自分が距離を取ることができていて、ある考えのなかにひたり、自分の内側に方向性を定めようとしている姿勢が感じられる。

考えるときに、頬杖をつく、腕組みをする、あるいは足を組むような動作もそうだが、からだの一部を自分自身で押さえ込もうとするのは、自分の内側に意識を集中させ、思念をこめやすい身体性に向かおうとしている動きなのだと思われる。

内なる世界にこころを鎮めるとき

頭《こうべ》を垂れる。目を閉じる。これに、両手を合わせる合掌のポーズが加わると、「祈りの身体」になる。

手はふだん、自由自在に動きまわるものだ。右手と左手はそれぞれ別々に世界を探索している。その両の掌を合わせて、ひとつの身体としてまとめ上げる。合掌がこころを落ちつける効果を持つのは、暴れる両手をひとつにしているからだ。

目も、見開いていると視覚情報がいろいろ飛び込んでくる。それによって意識があちらこちらにさまよう。目を閉じれば、外界を遮断できる。

頭を垂れることは、ある種、服従の姿勢だ。

祈りのポーズは、ある思想を受容してそれを信じる者にとっては、こころの安定装置になる。そのポーズをとって祈ること、念じることで、こころが整えられる。だからそれが喜びになり、感謝になる。信仰というかたちで文化的に継承され、身体的に「型」としてワザ化されていく。

だが、信じていない人、そこに意味や価値を見いだしていない人にとっては、自由を拘束するものに感じられる。

たとえば、イスラム教の礼拝では額を地につけて祈るが、日本人の習慣ではあれは土下座のポーズだ。そうそう簡単にはできない。

キリスト教では、ひざまずき、合掌して祈りを捧げる。信者以外の人にとっては、ひざまずかせられ、手を合わせさせられ、お祈りを唱えさせられることは、苦痛だ。

お通夜や葬儀のときに、正坐し、合掌して、お坊さんが唱える長いお経を聞くのが苦痛に感じられるのは、その思想が身についていないうえに、その宗教的儀式の「祈りの身体」がワザ化していないからだ。

昔の日本人はよく神棚や仏壇に向かって拝んでいた。祈りの身体が完全に身についていて、信仰としてこころを整えるワザになっていると、そこに苦はなく、たいへん「ありがたい」ものになる。それによってこころが安定し、整えられていた。

いまの時代、不安をかかえて生きる人が多いのは、そうしたこころを整えるワザを持っていないからだともいえる。

坐禅の身体――考えない、意識を集中させない

日本の伝統的なこころの整え方のひとつに「坐禅」がある。

「禅」とは、もともとこころを静かにするという意味だ。

仏教には、ブッダが菩提樹《ぼだいじゅ》の下で坐して悟りを開いたところから、「坐」という身体技法がある。仏像の多くが、坐して思惟《しい》していることからも、仏教における「坐」の意味合いがよくわかる。

そうした「坐」の身体性で、こころを静かにして動揺させないための修行法が坐禅だ。

坐禅を修行の中心に据えたのは、鎌倉時代に日本に禅を伝え広めた栄西《えいさい》の臨済宗《りんざいしゅう》、道元《どうげん》の曹洞宗《そうとうしゅう》から。それまでの仏教にもあまたの修行法のなかのひとつとして坐禅はあったが、道元によって「只管打坐《しかんたざ》」、ひたすらすわるだけということが説かれて、とくに広まった。

よけいな雑念を交えず、ただただすわるだけ。いいことも悪いことも、大切なこともどうでもいいことも、とにかく「何も考えない」のが只管打坐という坐禅のあり方だ。

禅ではそれを「放下《ほうげ》する」という。身心を脱落させ、身もこころも力を抜いて、自分を「空《くう》」にする。空っぽにする。それができるようになってはじめていたれる境地があるという教えだ。

この「何も考えない」ということがむずかしい。

坐禅道場に行って警策《けいさく》に打たれなくとも、家でひとりで静かにすわってみるだけでもわかるが、こころに何の思いも浮かばせないようにすることは至難のワザである。

目を見開いて何かに焦点を合わせて見つめると、そこに意識が集中してしまう。目を閉じれば視界は遮断できるが、こんどは、内からいろいろ想念が湧いてくる。

考えないようにするコツはどこにあるのか。

薄目を開けて、ぼんやりとある箇所を眺める。意識を一点に集中させるのではなく、あえて焦点が定まらないようにして、そこに薄目を向ける状態にする。

じつはこれ、仏像によくある「半眼」だ。

坐禅のときの手の組み方は、合掌のように左右の掌を合わせるのではなく、掌を上に向けて、そこに「空」をつくるイメージで組む。

坐禅は、意識を集中させるのではなく、解き放つ身体モードだ。

すわり方とスタイル

坐禅のときは、ただあぐらをかいてすわるのではない。両足をもの上にのせる「結《けつ》跏趺坐《かふざ》」、または片足をもの上にのせる「半跏趺坐《はんかふざ》」で行う。

「結跏趺坐」はどっしりと安定感のあるすわり方で、すわった姿の仏像でいえば、如来《にょらい》はみな結跏趺坐のかたちをとっている。つまり、悟りを開いてもう仏になった身なので、こころはつねに安寧《あんねい》、落ちついている。

これに対して、如来になろうと修行中の身である菩薩は、「半跏趺坐」や、広隆寺の弥勒菩薩のような「半跏倚坐」の姿勢をとっている。

『坐の文化論』（講談社学術文庫）の名著がある宗教学者の山折哲雄《やまおりてつお》さんによれば、菩薩はまだ半分は人間的な感覚や観念をひきずっている。それが半跏思惟のかたちにあらわれ、人間味を感じさせるものになっているのだという。

仏像のすわり方には、ほかにも、如意輪観音《にょいりんかんのん》のように片ひざを立てた「輪王坐《りんのうざ》」というすわり方、弁才天《べんざいてん》のような横すわりの「箕坐《きざ》」、あるいは少しお尻を浮かした「跪坐《きざ》」や「蹲踞坐《そんきょざ》」などもある。

東洋的な「坐」の姿勢がいかにバラエティに富んでいるかがわかる。すわり方が仏像の立場、位置づけなどといかに密着したものであるかもわかる。仏像の場合は、手指のしぐさや頭髪のかたちなども深く関係するが、動作は「スタイル」を決定づける要因なのである。

幕末・明治時代の写真を見ると、日本人のすわり姿というのは、たいへんさまになっていた。

畳の部屋で生活し、ちゃぶ台で食事をしていた昭和前期までは、日本人は「坐」の心得を自然にしつけられて育った。

僧侶の方にうかがったところでは、正坐はいつでもさっと立ってすぐに動ける、機動性の高い坐法だという。いまはたいていの人が正坐が苦手だ。いつでもさっと立って動けるどころか、足がしびれてしばらく立てなかったりもする。現代日本人の感覚では、少しも機動性のあるすわり方ではなくなっている。

トイレがすっかり洋式になり、最近は和式トイレがあってもしゃがめない人も増えているらしい。

日本に伝統的に伝わっていたゆたかな「坐」の技法が次々とすたれていくことは、生き方のスタイルとしてあった大事なものが抜け落ちていくことでもある。私はそれがとても残念だし、心配だ。

立って考える、歩きながら考える

歴史的に、東洋がすわり姿勢を中心にしてきた社会であるのに対し、西洋は直立姿勢を中心としてきた社会だ。

日本には立ってものを考えるという習慣があまりないが、西洋社会にはけっこうある。

ソクラテスは何かを考えはじめると、立ち止まって考え込んだ。

ナポレオンは、大臣に政策についての指示を出すとき、いつも立って話をし、大臣や秘書が口述を筆記していたといわれている。会議のときには、ナポレオンが行ったり来たりと室内を歩きまわるあとを、出席者がぞろぞろ従って歩いたらしい。

ゲーテの家を訪ねたとき、やけに背の高い机がいくつもあるのを見て不思議に思った。「立ち机」といって、立ったままの姿勢でものを書くためのものだという。

『歩く文化　座る文化——比較文学論』（野中涼著　早稲田大学出版部）によると、ベートーベンは作曲中、部屋のなかを動物園の熊のように歩きまわり、ときには椅子に乗り、ときには叫び、テーブルから床にどしんと飛びおりるような行動をとったという。ドストエフスキーも考えごとをするときにはやはり部屋のなかを歩きまわり、思案途中で長い頭髪を引っぱるクセがあったという。

そういう動きのなかで生み出された作品には、やはり作者のそういう身体性がしっかり乗り移っていると私は考える。ドストエフスキーのように長編小説を書いた作家は、思考の持続力という点でも、歩きまわるような運動性を必要としていたと思う。

村上春樹《むらかみはるき》さんにとってランニングは趣味を超えて、小説を書くうえで不可欠のトレーニングになっている。村上さんは『走ることについて語るときに僕の語ること』（文春文庫）のなかでこんなふうに書いている。


長編小説を書くという作業は、根本的には肉体労働であると僕は認識している。文章を書くこと自体はたぶん頭脳労働だ。しかし一冊のまとまった本を書きあげることは、むしろ肉体労働に近い。もちろん本を書くために、何か重いものを持ち上げたり、速く走ったり、高く飛んだりする必要はない。（中略）机の前に座って、神経をレーザービームのように一点に集中し、無の地平から想像力を立ち上げ、物語を生みだし、正しい言葉をひとつひとつ選び取り、すべての流れをあるべき位置に保ち続ける——そのような作業は、一般的に考えられているよりも遥かに大量のエネルギーを、長期にわたって必要とする。

小説を書くことは「人間の存在の根本にある毒素」と向かい合って、それを処理していかなくてはならない不健康な作業であるからこそ、そこにタフに立ち向かう体力が必要になる。だから走るのだという。

小説を書くにしても、短編を一気呵成《いっきかせい》に書き上げるときと、じっくり長編を練り上げていくときとでは、身体モードは違うだろう。短編には短距離を走るような瞬発力が要る。長編にはマラソンのような持久力と経験に基づくペース配分の知恵が要る。

いまの自分にフィットした動詞を見つけることは、いまの自分のメンタリティに即した生き方を知るということである。

8

生命力と直結するスイッチ「飢える」「渇く」

伝説の「週刊少年ジャンプ」

東日本大震災の直後、物流が止まって新しい雑誌や本が入ってこなかった仙台市で、一冊の「週刊少年ジャンプ」を子どもたちがまわし読みして楽しんだ。表紙がめくれあがり、こすれてインクが消えかかっているところもあるぼろぼろの「週刊少年ジャンプ」は、いま、集英社の編集部に引き取られ、大切に保管されている。

まわし読みが行われたのは、仙台市内のある本屋さん。もちろんその書店にも入荷はなかった。山形県まで行って買ってきたというひとりの男性客が読後に譲ってくれたので、「『少年ジャンプ』３／19発売16号　読めます!!　一冊だけあります」と店頭に貼り紙をしたところ、次々と子どもたちがやってきて、夢中になって読んだ。長い行列になったこともあったそうだが、みんなうれしそうに顔をほころばせて帰っていった。

四月になり、通常よりだいぶ遅れて次の号が入ってくるまでに、約百人がそれを順繰りに読んでいたという。（この一冊は、翌二〇一二年「手塚治虫《てづかおさむ》文化賞」の特別賞を受賞）

こういうのが、何かに「飢える」状態だ。

いまの日本に暮らしていると、ものがなくて飢える状況を実感することはほとんどない。

　人気連載が載っている「週刊少年ジャンプ」にしても、みんな次号を楽しみにはしている。でも次の月曜日になれば、どこのコンビニでも本屋さんでもすぐ買えると思っているから、そんなにありがたみを感じていない。

「週刊少年ジャンプ」2011年3/19発売16号

　まったく手に入らない、読みたいけれどどこにもないという状況を味わったのは、いまの子どもたちにははじめての経験だったはずだ。

　なかには、避難所生活をしている子もいただろう。家が大丈夫でも、ずっと停電が続いているところもあっただろうし、電気はついてもテレビは震災の話ばかり。そんななかで、一冊だけのマンガがどれだけこころをなごませてくれたことかと思う。

「どうしても読みたい」「なんとかして読めないだろうか」

強い渇望感を味わうことは、とても大切なことだ。

そのじっとしていられない気持ちが、「遠いけれど、その本屋さんまで行こう」とか、「大勢並んでいるけど、待とう」という気持ちを起こさせる。

何かをやりたいと強く願う気持ち、無理しても、我慢してもやりたいと思う気持ちの多くは、渇望感から湧いてくるのだ。

現在の日本で「飢える」ことを身をもって体感したことがあるのは、戦争を経験した七十代以上の人たちだけだろう。

食べ物がなくておなかが空《す》いてたまらないとか、のどが渇いて渇いて一口でいいから水が飲みたいといった状況を体験することはまずない。

「飢える」「渇く」というのは、それが進むと人間の生命を左右してしまうほどの重要なスイッチなのだが、そういうことをイメージする機会さえもあまりないのが現実だ。

苦しまないで済んでいるということでは、幸せかもしれない。だが、飢えも渇きも感じないで生きていられることは、本当に幸せだろうか。

「週刊少年ジャンプ」のまわし読みをしてから、その子たちのこころには何か変化があったのではないだろうか。

「自分にとってマンガって大切なんだな」と考えたり、「毎週欠かさず買って読めるって幸せなことなんだな」と感じたりするようになったのではないか。

「なんとなく今週も読みたい」と思っていたときよりも、本当に「週刊少年ジャンプ」が好きになったのではないかと私は思う。

飢餓状態が眠れる遺伝子を目覚めさせる!?

遺伝子解析研究をしておられる分子生物学者の村上和雄《むらかみかずお》先生は、「遺伝子スイッチ」という理論を提唱されている。

人間の遺伝子というのは、九十五パーセントくらいがまだ眠っている状態で、そこには未知の力が秘められている可能性があるそうだ。

どうしたらその眠っている遺伝子のスイッチを入れることができるのか。

「笑い」「喜び」「感動」「感謝」のようなポジティブな因子も影響するが、一方でネガティブ要因がきっかけになることもあるのだという。

その一例がクローン羊ドリーだ。以前、ずいぶん話題になったが、ドリーは細胞が飢餓状態に置かれたことで全能性を取り戻したという例だったそうだ。

ドリーの元となったのは、ある羊の乳腺《にゅうせん》細胞だった。培養したその細胞の栄養分を一時的に絶ち、飢餓状態にする。すると核の遺伝子スイッチはオフになる。その核を別の卵細胞に入れたとき、細胞内の遺伝子スイッチは「リセット」された状態になって眠っていた遺伝子が目覚め、細胞として全能性を持った。ドリーはそうやって誕生に成功したものだったという。

村上先生は、「一種の断食効果のようなものだと説明できる」とおっしゃっていた。言われてみると「なるほど」と思う。

東洋医学には断食療法があり、体調を整えるひとつの手法になっている。古くからさまざまな宗教で、断食が行われてきた。苦痛を伴うものではあるが、修行の一環として実践することにメリットがあったからこそ、行われてきたのだろう。

ヨガの断食道場もある。

ダイエットやデトックスを目的とした断食もある。

ダイエットのあとに「リバウンド」してしまうことがあるのも、「飢える」ことでからだが危機感をおぼえ、エネルギーをため込もうとする遺伝子のスイッチが入りやすくなったと考えると理解しやすい。

野菜の栽培、たとえばトマトを作るときなども、やせた土に植え、水もあまりやらずに飢餓状態に追い込むことで、植物が本来持っている生命力が引き出され、糖度の高いトマトができるというが、これも同じメカニズムだろう。

私たちは「飢える」という言葉をほとんど使わなくなったが、「断食」や「断食効果」にはいろいろ接している。

ハングリー・スピリッツ

英語には「ハングリー・スピリッツ」という言葉がある。

こちらはけっして死語にはなっていないように思う。

アップル社の共同設立者の一人スティーブ・ジョブズが二〇〇五年にスタンフォード大学の卒業式で行ったスピーチは日本でも非常に話題になったが、その内容は「ハングリーであれ、愚かであれ（Stay hungry, Stay foolish）」というものだった。

カップラーメンのコマーシャルで「Hungry?」というコピーだけで訴えかけるバージョンもあった。

メジャーリーグに移籍したダルビッシュ有《ゆう》投手が、なぜ日本を離れてメジャーに行くことにしたのかについて、「投手としてすごい勝負がしたかった」「最近はそういう勝負ができる場面が減って、野球をやるうえでモチベーションを保てなくなったから」という説明をしていた。自分の求めているような勝負のできる環境が、いまの日本の野球界にはない、だから挑戦することにしたという。

彼は「人類がいままで到達したことのないピッチャーになりたい」というような目標を持っている。現状で満足するのではなく、「もっとできる」「もっと、もっと」と自分を鼓舞していく気持ちを強く持っている。

「ハングリー・スピリッツ」とはそういう満ち足りなさを感じ、自分の道を追求していくことに貪欲であることだ。

ハングリー・スピリッツを、貧困をバネにして「いつか見返してやるぞ」という気持ちを持つものととらえてはいけないと思う。育ってきた困難な環境が「負けじ魂」のようなものに火をつけている人はたしかにいるが、金銭的に恵まれたなかで育っても強い渇望感を持っている人もいる。

ハングリーであるということは、生きていくために自分に必要だと思われるものを「探しつづけよう」「求めつづけよう」とする能動性だ。

ただ巣のなかで餌を与えられるのを受け身で待っている雛《ひな》のままでいては、自分で生きていく力はつかない。自分で取りに行こうとする意欲、それがハングリー・スピリッツなのだ。

渇いているから湧いてくる不屈のパワー

「飢え」よりも「渇き」のほうが実感しやすいかもしれない。

のどがからからに渇いているときに水を飲むと、「乾いた砂に水がしみ込む」ように体内にしみわたっていくのを感じる。水分の吸収率がものすごく高い。自分の細胞が息を吹き返し、活力を取り戻していく実感がある。一杯の水のうまさ、ありがたさ、威力を感じる。

映画『硫黄島《いおうじま》からの手紙』で知られる栗林忠道《くりばやしただみち》陸軍中将（最終階級は大将）は、島に川が一本もなく、湧き水も出ず、雨水も岩と砂にしみ込んでいってしまうことを知って「この島では、水の一滴は血の一滴だ」と言ったといわれる。米兵と戦う以前に、兵たちの水の確保が死活問題だった。

切実な渇きを知っている人は、そのことを本気で考えて生きる。「なんとなくあったらいいな」のような甘い気持ちでは生き抜いていけない。

なでしこジャパンは、ナショナルチームだというのに男子選手ほど恵まれた待遇にはなかった。昼間はほかに仕事を持ったり、アルバイトをしたりしながら食いつなぎ、サッカーを続けていた。練習に充分な時間がとれなくても、がんばってやっている以上は結果を出したい。強くなりたい。全員がそういう思いでやってきた。

職人や芸事の世界では、師匠はやさしく手取り足取り教えてくれたりはしない。ワザは自分で盗めと言われて必死に観察する。

落語家の柳家《やなぎや》小三治《こさんじ》さんは、「芸は、盗むものだ。俺が高座でやってるとこを聞いて覚えろ」と言われ、小さん師匠と向かい合って稽古をつけてもらったのは、たった一度だけだったという。渇望しているから必死だ。

『論語』のなかに、「憤《ふん》せざれば啓《けい》せず」という孔子の言葉がある。発憤していない者には教えない。教えてほしくて、自分のほうからからだが動くような人間でないと教えないと孔子は言っている。

かつては、地方に暮らしていることも、ひとつの渇望状態だった。

たとえば、富山県の高岡にいた藤本弘《ふじもとひろし》と安孫子素雄《あびこもとお》、のちの藤子不二雄《ふじこふじお》のふたりはマンガ雑誌が送られてくると、むさぼるようにして読んだ。いまのように、どこにいても同じような情報が得られた時代ではなく、地方に暮らしていて東京のすごいものに触れるには、そんな方法しかなかった。

手に入らないから、高嶺《たかね》の花だから、いっそう焦がれる。

いつか自分たちも東京に出て、直接こういう刺激を受けるなかで切磋琢磨《せっさたくま》したいと強くこいねがう。地方から上京する人のモチベーションになっていた。

自分の渇望スイッチをオンにするのは何か

何かに強く「焦がれる」ような思いは、自分の内側から湧いてくる。誰かから与えてもらうものではない。

自分で自分のこころの声をきいてやらないと、ほかの誰も気がついてはくれない。

フランツ・カフカに『断食芸人《だんじきげいにん》』という短編作品がある。

主人公は、「断食」を自分の芸として見せている人間だ。十九世紀から二十世紀前半のころ、ヨーロッパでは実際にこういうことが「見世物」として行われていた。

断食の期間は、最高四十日までと決められていた。しかし断食芸人は、それが不服だった。もっとできる、彼はそう思っていた。あるとき、彼にその機会が訪れる。その契約は、四十日限りという制限がつけられていなかった。いつまで断食を続けてもいい。彼は満足してそれに挑む。彼にとっては、断食を続けることだけが渇望を癒す道だった。渇望を癒してくれる道が、生にピリオドを打つことになる。その不条理さが悲しい作品だ。

ある時期に仕事がなくてつらかった人は、渇望感を自分の駆動力にしている人が多い。私も定職がない時期が三十二、三歳ぐらいまであった。やっと職を得てからも、本を書きたいという積年の願望が果たせるようになるまで、なお時間がかかった。

「齋藤さんはどうしてそんなにたくさん本を出しつづけられるんですか？」と尋ねられることがあるが、それはひとえに長い渇望期の影響だ。アイディアはいっぱいある、書きたいことは山積みなのに、誰も自分の書いたものを読みたいと言ってくれない。どうしたらいいのか。じりじりした思いをかかえていた時間が人一倍長かったせいで、「もうこのくらいでいいか」という気にはなれない。

どん底を体験した人、たとえば、生死にかかわるような大きな病気をしたとか、会社を自分でつぶしてしまったような経験をした人も、生きることへの向き合い方が変わる。「そんなのかっこ悪い」とか「恥ずかしい」という感覚がなくなり、遺伝子がスイッチ・オンになるのかもしれない。

謎に挑むという姿勢もある。

「フェルマーの最終定理」という課題が天才フェルマーから出されたことで、多くの数学者・数学愛好者がなんとかこの謎を解こうと知恵を絞りつづけた。

イギリスの数学者アンドリュー・ワイルズによって、三百六十年のあいだ謎だった問題が完全に証明されたが、これだけの長きにわたって世界中でどれだけの人がこれを証明したいと渇望したかと考えると、じつにすごいことだ。飽くなき挑戦の意欲をかきたてたのである。

自分を見限るな

サッカーのキング・カズこと三浦知良《みうらかずよし》選手は、二〇一二年現在、四十五歳になっても現役を続行し、まだ試合に出たい、と自分を磨くことに余念がない。

もはやからだは満身創痍《まんしんそうい》だ。普通に考えれば、体力的にも、金銭的にも、引退して次の活躍の場を考えたほうが得策のように思える。しかしカズは「やめないよ」と言いつづけている。

十代半ばでサッカー大国ブラジルに渡り、苦しい思いをして練習をした。食事がひどくて、「こんなもの食べてたら、プロになんかなれないよ」と文句を言ったら、「まともなものを食べたかったら、早くプロになれ」と言われたらしい。そういう環境に身を投げて、自分をアピールする。当時は、一週間ごとに自分が成長しているのを感じたという。

いまもその精神でサッカーを愛し、サッカーを続けているのだと思う。

他人からなんと言われようと、どう思われようと平気。これが自分の道だから——。

いまの若者には、そういう「動じない強さ」がない。

ひとつに、「欲」がない。さらっとしていて淡泊な印象だ。欲がないというのは、人間としてはいいことだと思う。でも、あまりにも欲がないと人生がとどこおってしまう。我欲が強すぎて周囲の迷惑をかえりみず、つねにギラギラしている人も問題だが、適度な欲をかきたてていくことは向上心を維持するために必要なことだ。

就活はしているけれど、ただなんとなく仕事が欲しいという感じで、石にかじりついてでもやってやるという熱があまり感じられない。みんな低体温な感じだ。

「井のなかの蛙大海を知らず」ということわざがあるが、その井戸だけを世界だと思っている、海というものがあることを知らない、そこに安住しているというのは、人間としてはちょっとさみしい。

自分のなかに、いまのままでは満足しきれない思いがあるか。

本当にそれが好きなのか、心底それがやりたいのか。

そういうことを自分で考え、自分で決断しているのか。

「周りから言われてなんとなく」とか、「この不況の時代に高望みしても無理なので」とか、「とくにこれといった強い希望もないので」とか、消去法に流されていないだろうか。

それでは、この人生、この生き方を、自分が自分の意思で選んだのだから、という気持ちがあまり持てない。いざというときに「動じない強さ」がハラから湧き起こってくる道理がない。

「自分はこの程度の人間だ」「これぐらいでまあいいや」などと、自分自身の可能性を見限ってしまわないことだ。

なにしろ、人間の九十五パーセントの遺伝子は、まだ眠っているというのだから。

9

「締める」「ゆるめる」ハラで自分を整える

みぞおちを「ゆるめる」と不安は薄れる

自分のみぞおちに手を当ててみよう。

かたくなっていないだろうか?

不安な気持ちやストレス要因が増加したときには、まずみぞおちの緊張をゆるめることだ。

みぞおちは肋骨《ろっこつ》のすぐ下あたりである。指で押してみる。

ゆるんでいれば内側にグッと指が入っていく。指の第一関節くらいまでしか入らないようだと、かなりかたい。

かたくなっていたら、さわってゆるめる。

息を吐きながら、指先で押す。手の側面で、手刀を切るようにグリグリ押してもいい。少なくとも指の第二関節ぐらいまで入るようになるまで揉《も》みほぐす。

私は、指の付け根ぐらいまで入るようにゆるめておく。

みぞおちがゆるむと、息が深くなる。肺と内臓を分けるような位置にある横隔膜が動きやすくなるからだ。横隔膜が動く呼吸をしていると、呼吸がラクになる。胸苦しさがなくなる。

そのことによって、たかぶった感情や自分を気詰まりにさせている不安が安らぐ。ワーッとなって行き詰まっている状況から離れて、ものごとを見つめなおせるようになる。からだを使うことよりも頭を使うことの多くなった現代人の身体意識は、上へ上へと上がっている。

だが、脳に新鮮な酸素が行きわたらないことには、頭をクリアに働かせることはできない。頭に血が上ってしまった「のぼせ」状態は、短絡的思考に陥りやすい。深呼吸ができれば頭にも酸素が行きわたる。

むずかしいことではない、誰もが知っている深呼吸の効用だ。

もちろん、呼吸がラクになることで、いま抱えている大きなストレスが解決するわけではないけれども、みぞおちがゆるんで胸苦しさがなくなると、気分がかなり違う。からだをラクに呼吸できる状態にセットするだけで、こころも自然と落ちついてくる。そういう自己調整機能がからだにはある。とくに、みぞおちは呼吸の深浅を知る重要な「からだセンサー」なのだが、そのことを知らない人が増えている。

不安が強いとき、胸苦しさが抜けないとき、みぞおちで調整しよう。

リラクゼーションの技法のなかに、人の手でみぞおちをほんわかと温め、やさしくほぐしてくれる「十分間みぞおち手当て」のようなサービスがあってもいいのではないかと私は思っている。

日本の「締める」文化

日本の伝統的文化のなかには、「締める」ものが圧倒的に多い。

着物の帯や腰ひも類に始まり、ふんどし、はちまき、おんぶひも、相撲のまわし、注連縄《しめなわ》……。「たがを締める」「手綱を締める」「勝って兜《かぶと》の緒を締める」「財布のひもを締める」といった表現も多彩にある。

「締める」というのは、かつての日本人にとっては生活の主軸となる動作だった。いまは何かの機会にたまに着物を着ても「窮屈でたまらない」という人がいるが、ボタン類が一切なくて、何本かのひもや帯を締める着物は、本来その締め方次第でゆるやかに着付けることもきりっと着付けることも、どうにでもできるものだ。

しかも「締める」場所がからだの機能に合ったかたちになっている。骨盤を引き締め、腹部を保護して、自然に背筋が通る。

たとえば、袴《はかま》をはくときには背中のところに腰を支えるかたちの「腰板」を当てる。下腹を帯で締め、骨盤の上に腰板がのるようになるので、無理に伸ばそうとしなくても背筋がすっと伸びる。じつに機能的なのである。

女性の帯も、幅広でウエストを締め付けている感じがするかもしれないが、実際にひもで締めるのは下腹部とみぞおちの下だけで、ウエストあたりはきつくないはずだ。

映画『風と共に去りぬ』のなかで、スカーレット・オハラがドレスを着るときにコルセットでウエストを締め上げるシーンがあった。美しく見せるために女性はたいへんなのだなあと思ったものだが、コルセットであんなに締め上げては内臓を圧迫する。

肋骨や骨盤などの骨格で守られているところは多少きつく締めても大丈夫だが、ウエスト部分を締めつけると呼吸にも内

映画『風と共に去りぬ』（1939年）
写真：Photofest/AFLO

臓にも影響を及ぼす。昔の欧米の物語のなかには、すぐに女性が気絶する展開が出てくるが、おそらくあれはウエストを締めすぎて呼吸がしにくかったことと深く関係している。

その点、日本の「締める」文化は、からだのことをよく理解した構造になっていたのだ。

ふんどしの威力

臨済宗の僧侶で作家でもある玄侑宗久《げんゆうそうきゅう》さんが、ふんどしについて、まことに楽しい話を書いている。

厄払《やくばら》いのため、日本三大奇祭のひとつといわれる会津柳津《あいづやないづ》の裸祭り（七日堂《なのかどう》裸《はだか》まいり）に行ったときに、びっくりするような体験をされたというのだ。

厄年の男たちが、一月の寒風吹きすさぶなか、ふんどし一丁で石段の上のお堂まで駆け上り、大鰐口《おおわにぐち》の綱をよじ登るという祭りだ。神聖な儀式であるし、未熟なゆるい締め方だと途中ではずれてしまうといわれ、熟練者に締めてもらうことになる。

「はいはい、じゃあ全部脱いで」

女性も混じった大勢の中で全裸になり、回転しながら締込《しめこみ》をしてもらったのも未《み》曽《ぞ》有《う》のことだが、じつはもっと驚くべきことがそのあとで起こった。

頭がくらくらするくらい緊《きつ》く締められ、思わず裸足《はだし》の足を爪先立ちにして雪の道を早足で進み、石段を登る。その間、何が起こったのか、石段を登りきって習わしどおり大きな手水鉢《ちょうずばち》に身を浸したが「ぬるい」。そして本堂の綱も、女房の計測によれば八秒で登りきってしまった。

夕方試しに登りかけた時には全く登れなかったのに、である。あれは一体なんだったのか？　昔から褌《ふんどし》は締めれば締めるほど神に近づく霊力を発揮するという。今となってはあの神業のような勇姿が、褌の霊力だったとしか思えないのである。

（『サンショウウオの明るい禅』文春文庫）

まさに「緊褌一番《きんこんいちばん》」だ。

「緊褌」というのは読んで字のごとく、ふんどしを締めること。ふんどしをきつく締めるように、気持ちを引き締めてものごとに取り組むことを指すこの言葉の意味がよく伝わってくる。

真冬の東北の裸祭りで、みそぎの水をぬるく感じたというのも不思議なら、猛烈な勢いで一気に綱を登りきれてしまったことも不思議。そんなすごい力が出るのであれば、その締め込みふんどしを体験してみたいものだと思う。

相撲のまわしにも、そういう威力がある。

最近、スポーツ選手の体幹トレーニングなどの影響で、体幹を鍛える、からだの軸をブレさせないようにするということが少しずつ理解されるようになってきたが、ふんどし、まわし、帯といったものでからだの周囲、とくに下腹部を締めることは、からだに「幹」のような感覚を与えるものだったのだ。

「上虚下実」――みぞおちはゆるめ、ハラに力をこめる

いま「おなかをさわってみて」と言うと、みな一様におへそのあたりをさわる。

かつて日本人が「肚＝ハラ」と呼んでいたのは、それよりも下だ。おへそから指三本分ぐらい下がった下腹部。ここをまた「臍下丹田《せいかたんでん》」と言って、「ハラ」の中心、からだの中心軸としていた。臍《へそ》の下の丹田（エネルギーの源）ということだ。

みぞおちから力が抜けて「ハラ」にグッと力がこもっていると、自然と肩の力が抜け、首筋からも力が抜ける。上半身の力はすべて抜けて、下半身がどっしりとする。

上をみぞおち、中をおへそ、下を臍下丹田として、そこに大きな楕円《だえん》をイメージしたとき、上の部分は力を抜いて、おへそから下の部分を充実させる。これを「上虚下実《じょうきょかじつ》」

といい、「ハラが据わった」状態だ。本来の力が出る、あるいは平常時以上の力が出るからだの状態であるという共通認識を人々は持っていた。

こうした日本人の「ハラ」感覚に着目して、「ハラ」のありようだけで一冊本を書いてしまったドイツ人哲学者がいる。それがカールフリート・デュルクハイムの『肚──人間の重心』（下程勇吉《したほどゆうきち》監修　落合亮一・奥野保明・石村喬《たかし》訳　麗澤大学出版会）だ。

デュルクハイムは戦時中に日本にやってきた。武道や坐禅《ざぜん》などの修行を積んだ人だけでなく、普通に生活している市井の人々までもみな「ハラ」を意識して生きているさまを目にして不思議に思った。

西洋では、腹はからだのなかで重視するような部位と考えられていなかった。むしろ軽んじられていたといっていい。それに比べ日本では「ハラ」が姿勢ばかりか、こころをつかさどるものとして、とりわけ徳というようなものと重ね合わせて考えられている。

デュルクハイムは、これは西洋人が意識していない素晴らしいあり方、人間本来のあり方ではないかと考えた。そしてこの「ハラ」という感覚をドイツ語に置き換えるのではなく、「肚（ＨＡＲＡ）」という言葉そのままに西洋に紹介しようとしたのだった。私の持っているドイツ語の原書の表紙には、大きく『ＨＡＲＡ』とタイトルが書かれている。

彼は、「腹」はからだの下腹部を意味するにとどまるが、「肚＝ハラ」は精神的な意味合いを持ったものだと説明している。

そして「ハラ」に正しく力が入っている状態について、こう書いている。

正しいのは、ゆったりと自由に許容された下腹部に少しばかり力を入れることである。根の空間、つまり、下腹部、腰、胴体全体にこの力を感じることが重要である。この力の意識を次のような方法で強めることができる。握りこぶしを臍の下の腹に一度ゆっくりと深く押し込み、肩の力を抜いて、身体のどこも少しも動かさず、腹の筋肉だけでさっと腹を元の位置に戻す、つまり、「侵入者の握りこぶし」を急に追い出すのである。それから、下腹部のあちこちを力強く叩いても不愉快に感じないような状態で腹を保てば、その人は安定して立っており、投げ飛ばされることはない。しかしこの姿勢にはもう一つ「間違い」がある。それは、みぞおちも緊張していることである。それで、下腹部を少し緊張した状態に保ったまま、みぞおちをまた柔らかくしなければならない。そうすると人間は全体的にゆったりした感じをもち、それでいて正しい重心をもって「下方に根を下ろしている」ために安定している。

(『肚——人間の重心』)

からだが大地に根ざした状態になって、簡単なことには揺るがない落ちつきが出るというのだ。

失われた「ハラ」文化

デュルクハイムが日本に滞在したのは一九四〇年代のこと。それからたった七十年しか経っていないにもかかわらず、いまの日本人にはそのハラの力がない。一人ひとりの人間性の基盤になるような大事な身体感覚が損なわれてしまった。

明治時代の写真集『ボンジュール　ジャポン――フランス青年が活写した1882年』（ウーグ・クラフト著　後藤和雄編　朝日新聞社）のなかに、相撲をまねるフランス人の男たちの写真があるが、ハラが据わらず、腰が入っていない相撲とはこんな格好になるのかというのがよくわかる。身体文化が違うのだ。

しかしいま子どもたちに相撲をとらせると、ほとんどがこのようなスタイルになる。生活様式が完全に洋風化し、体型も見違えるほど変わって脚が長くなり、重心が高くなったからだにはハラの感覚が少しもピンとこない。

ハラを意識しなくなったことで、ハラにまつわるからだ言葉も使われなくなった。以前は、日常生活のちょっとしたことであたふたしてしまう人を「ハラがない」と言い、「もっとハラを据えろ」「ハラを錬《ね》れ」などと言った。

ちまちましたことに動じない人は「ハラのある」人、「ハラのできた」人、「ハラの大きな」人などと言われた。

「ハラのある」人とはどういう人か。デュルクハイムは著書『肚』のなかでこんな要素を挙げている。

「優れたセンスをもっていて、太っ肚で心が広い」

「冷静なつり合いのとれた判断をする」

「何が大切で、何が大切でないかの尺度をもっている」

「心の安定した心身状態のうえに立っている」

「その時々の状況で、ごく当たり前にまた落ち着いて自分を『整え』、振る舞える」

「心の中の弾力性」がある、とも書いている。

これに対して、「ハラのない」人はどうか。

「単線で堅くて、頭にしろ心にしろ固まっていて、支えがない。突然深刻な場面に遭遇すると、頑固に自分を守るか、まるで目標のない行動を取る」といっている。

ハラに力が入っていないと、腰も定まらない。フラフラしてしまう。それを日本人は「へっぴり腰」だとか「腰抜け」「腰くだけ」といった。

腰が入らないのは力仕事もできないうえに、人間的にも小さいということで、致命的なこととされていたのだった。

ハラは堪忍袋だった

デュルクハイムは日本で坐禅と岡田式静坐法を学んで、ドイツに帰国後、それを応用した身体療法を始める。

やはり岡田式静坐法を学んだ岸本《きしもと》能武太《のぶた》の『岡田式静坐三年』（大日本図書）という本がある。一九一六年に出ているので、デュルクハイムに先立つものだが、そこにこんな記述がある。

腹《はら》は力《ちから》の無盡藏《むじんぞう》であると同時《どうじ》に、無限大の堪忍袋である。

「腹」の字があてられているが、言っていることは同じ臍下丹田のことで、ここに力が入ると、力が無尽蔵に湧く。また、無限大の堪忍袋になる、というのだ。

この本では腹は「関所」だとも言っている。

緊張した腹は一種の関所となっていて、身体のすべての変動は出るにも入るにも、まず「腹の関所にお届け」をしなくてはならない。その許可を得て、初めて出入りが可能になる。むかっ腹を立てた場合でも、腹に無届けで勝手に言動することはできない、といったことを書いている。

たしかに、腹を立てても腹の虫をおさめる術はある。ところが、カッと頭にきた場合はおさめようがない。なぜ近年簡単にこころの糸がキレやすい人が増えたかといえば、日本人がハラを中心に生きる身体から、頭を中心に生きる身体へとシフトしたからだ。「ハラ」の感覚や意識がなくなったことで、怒りの衝動を抑え、他者を寛容に受け入れる堪忍袋も、からだからなくしてしまったといえる。

深い呼吸の効用

締めることが意識から抜け落ちていると、態度も姿勢もピリリと締まらない。

毎日、帯を締め、ふんどしを締めて生活していた時代は、「締める」ことがとても実感しやすかった。日々「締める」体験をしていない人は、「気持ちを引き締めなさい」と言われても、どうやったら締められるのかよくわからない。

何かことが起きたときに、どうしても意識、気が上がってしまう。ふわふわしたり、そわそわしたり、おろおろしたりしてしまう。

呼吸を深くして、上がってしまう気をスーッと落としていくことをからだのワザとして持っていると、こころも安定する。

ここはひとつ、失われてしまった「ハラ」の感覚を復活させよう。

① みぞおちをゆるめ、
② 深く息をして、
③ 重心をハラに置く。

ハラを中心として、揺れ動く自分を整える作業をしよう。

比叡山延暦寺《ひえいざんえんりやくじ》の「千日回峰行《せんにちかいほうぎょう》」と呼ばれる非常に厳しい荒行を、二度も満行された酒井雄哉《さかいゆうさい》さんという大阿闍梨《だいあじやり》がおられる。

この方が「常行三昧《じょうぎょうざんまい》」という九十日間にわたって念仏をとなえながらお堂のなかをぐるぐると歩きまわる行をされていたときのことだ。横になることなくひたすら念仏を続けて歩かなくてはいけないというのに、二日目でもうからだが動かなくなってしまったという。そのとき、以前師匠が教えてくれた呼吸のことをふと思い出したのだそうだ。

こう語られている。


息をふーっと吸って、吐く。吐くときは、「ナー」、吸うときは「ムー」……。人は息を吐くときは、前向きの格好になるんだね。息を吸うときはそり気味になる。呼吸のことはよく知らなかったけれど、呼吸に意識を集中していたら気持ちが静まってきた。

やがてしんどかった体から、かすかすに念仏の声が聞こえてきたんだ。まーとか、うーっとかね。最初はたよりない声だったのに、だんだん腹に力が入っちゃって、響くような声になってきた。

その声でぐるぐる回ったら、心が落ち着いてきた。落ち着いた心でぐるぐるぐるぐる念仏を唱えながら歩いているうちに、なにかしらんが、もしかして自分の体の中に仏様がいるんじゃないかっていう気持ちにさえなってきた。

（『一日一生』朝日新書）

呼吸を意識することで、こんな苛酷な行は自分にはできないかもしれないという不安な状態から一転、不思議とおなかから力が湧き、仏を味方につけてしまったような心境になることができたという。

本格的な腹式呼吸法をマスターするのは敷居が高いという人には、私の提唱している「3・2・15の呼吸法」を勧めたい。

3秒ほど鼻から静かに吸って、2秒ほど息を保ち、15秒ほどかけて口から長くゆるく吐いていく。最初は息が続かなかったら「3・2・10」でもいい。

吸気よりも呼気にポイントを置く。しっかりと吐ききることが大事だ。

これをやっていると、横隔膜の動かし方がわかってくる。いまより深い呼吸ができるようになる。

「ああ、もう無理だ」と投げてしまったり、絶望したり、自暴自棄になったり、パニックになったり、落ち込みつづけてしまったりする気持ちを、深い呼吸で鎮め、ハラで整える。

自分自身が整えられている人は、他者を「慮《おもんぱか》る」というこころの作用ができる。他を思う意識をどれだけ配れるかが、「想定外」の出来事を減らし、「想定内」を増やすことになる。

「ハラ」の声をきく

みぞおちがゆるみ、呼吸が深くなり、「ハラ」に自分の中心を感じられるようになると、自己のとらえ方がたしかになってくる。

ハラの感覚に基づいた自己意識は、「我思う　故に我あり」といったデカルト的な自己意識とは性格が異なる。ハラに自己を感じる練習をつづけていると、地に足のついたあり方として、「自分はたしかにここにある」という内的感覚を持てる。それが安心感になり、アイデンティティともつながる。くずれない自己意識が見つけ出せる。

身体のワザであり、こころを整えるワザだ。

ハラの力は、声となって表に出る。

リーダーシップを発揮してほしい政治家からは、いっこうに「ハラ」からの声をきくことができない。そうかと思うと、甲子園球児がじつに「ハラ」のある力強い声で、人のこころに届く宣誓をしたりもする。

ハラの声が出せるかどうかは、年齢でもなければ、経験知でもない。自分の重心を「ハラ」に置く生き方をしているかどうか。頭だけで動くのではなく、からだで生きているかどうかだ。

酒井大阿闍梨は常行三昧の行をされながら、自分の「ハラ」の声をきかれたのだと思う。

迷ったときは自分の「ハラ」の声をきくことが求められる。

人にアドバイスを求めるときも、「ハラ」に届く人の声は信頼できる。危急のときには、「ハラ」できく声が真の支えになる。

10

心地よく「疲れる」ことを知ろう

疲れ方が変わってきている

「疲れる」という言葉は、この本で採り上げているほかの動詞とは異質な感じがすると思う。

現代人は、みんな疲れている。子どもでさえも疲れている。

それは一日に処理しなければいけないことがあまりにも増えすぎてしまったからだ。私の友人も、朝、出勤すると二百件ほどのメールにざっと目を通し、適宜処理しなければならないと言っている。そのために定時より一時間以上早く出社して、始業までに片づけるようにしているそうだ。

携帯電話、スマートフォンの普及によって、いつどこにいても連絡事項をチェックできる環境は、便利であると同時に、スピードが要求され、忙《せわ》しなさを増している。

もともと「疲れる」といえば、体力を消耗して元気がなくなることを指していた。「綿のように疲れる」という表現があるが、全身がもうくたくたに疲れてしまうこと、疲労困憊《ひろうこんぱい》、くたびれはてる感じをいった。

現代の「疲れる」はそういう疲れとはニュアンスが違う。

「目が疲れた」「長時間のデスクワークですわり疲れた」「腰が疲れた」というように局部的な疲労感を指す場合と、「精神的に疲れた」「人間関係に疲れた」など、メンタル面で気力が消耗している感じを指す場合とがほとんどではないかと思う。

疲れ方の質が、昔とは明らかに変わってきている。

そこで、あらためて「疲れる」ことの意味を問い直してみたいと考えた。

「かったるい」は「疲れる」とは違う

小学生の子どもたちに「今日は『坊《ぼ》っちゃん』をまるごと音読しよう」とちょっとハードなことを要求すると、「えーっ、疲れるぅ～」とか「ムリ、ムリ」と言う。

いまの子どもたちは、長い時間ひとつのことをやりつづけたことや、長い距離を踏破したといった経験がきわめて少ない。こんなにページがある本を声を出して読み通すということに、はなから「できっこない」という思いを抱《いだ》いている。

これが中学生くらいになると「かったるい」「だりぃ」「たりぃ」になる。どちらも、もとは「だるい」から来ている。大儀で面倒くさい、うんざりするという感じだ。

それがほとんど「疲れるからいやだ」という意味として使われている。

「だるい」感覚と「疲れる」感覚とは別のものであるのだが、半ば混同された言葉の使い方がされている。

私はその区別について、二十代のときに野口晴哉の本を読んで知った。

「疲れる」というのは、エネルギーを出しきって、能力が落ちたり、気力がおとろえたりする状態。

「かったるい」というのは、エネルギーが余っているにもかかわらず、その行き場を見いだせずにいる状態。うまくエネルギーを循環させることができずに、とどこおっている。

似ているようで、両者はまったく別ものなのだ。

私自身、そのことをきちんと認識できずにいた。

気分が滅入《めい》り、やる気が出なくて、だるくて仕方がないという状況を、私は中学三年のときにはじめて体験した。なぜこんなにからだの調子がよくないのか、まるっきりわからずイライラした。

高校に入ってテニスの部活に熱中すると、体調を持ち直して元気はつらつとなった。相当ハードな練習をしてもまったく平気だった。が、三年になってやめたら、またおかしくなった。あとから考えれば、中学のときも、運動部の活動が終わってから、どうもおかしくなったのだった。

浪人時代も調子はよくなかった。ただそれは、浪人という社会的に不安定な立場にあることに対するうつうつとした気分によるものだとずっと思っていた。

大学に入って運動を再開したら、一気に回復した。そんなときに、「疲れ」と「だるさ」は違うという野口晴哉の言葉に触れたのだった。

自分はずっとこれを、気分的なものか、受験勉強からくる疲労感のように思っていたけれども、これは「疲れた」ではなく、それまで運動することでうまく循環していたエネルギーが発散できなくなったことで、体内でとどこおって「かったるい」状態になっていたのだとわかって腑《ふ》に落ちた。

エネルギーを燃焼させる場がなくてイ

第94回箱根駅伝 往路 戸塚中継所（2018年）
写真：長田洋平/アフロスポーツ

ライラしているエネルギーの滞留状態、これが「かったるい」や「たりぃ」なのだ。

本当に疲れたことがあるか？

たとえば、箱根駅伝を見ていると、二十キロ走りきって襷《たすき》を渡すと、仲間に抱えられないと歩けないくらいへとへとになっている選手がいる。あれがエネルギーを出して疲れきった状態だ。ああいうときに、「かったるい〜」と言う人はいない。言葉も出ないようなありさま。そのぐらいエネルギーを消費するのが「疲れる」ということだ。

かったるい状態はまだ疲れていないので、そういう人ほど何かできちんとエネルギーを発散することを考えて、「疲れる」ことをしたほうがいいのだ。

高校生くらいまでは部活に力を注ぐのがもっとも手っ取り早い。

帰宅部タイプの人も、「たりぃ、たりぃ」と言いながらカラオケに行ったりすると、興がのってオールナイトで歌いまくったりする。歌うことはけっこうエネルギーを消費する。それもひとつのエネルギーの発散の仕方、疲れ方だ。

好きなこと、楽しいことをやっているときは、時間があっという間に過ぎる。三時間、四時間集中してやりつづけることもまったく苦ではない。そういうことをひとつのきっかけに、とことんやり尽くしてみる。

どんなに好きなことでも、「ちょっと休もうかな」とか「今日はもういいや」というタイミングが来る。それが「疲れる」ことだ。

ちゃんと疲れてみようじゃないか。

エネルギーをうまく出せたときの疲れを知ろう。疲労感と共に、爽快感のようなものがある。それは「かったるさ」とは全然違う。それを、もっと積極的に、もっといろいろなかたちで味わってみよう。

自分が疲れているのか、かったるいのかという区別がつくだけでも、進歩がある。上手に一日のうちで疲れることができているかを課題にすることで、生活がかなり変わってくる。

自分の疲れを自覚すること

本当に疲れているときは、休まないといけない。

疲れたときのちょっとぼうっとした感覚、からだが重くて動きが鈍くなるような感じというのは、「そろそろ休養をとらないとエネルギー切れですよ」という、からだからのシグナルだ。ウルトラマンのカラータイマーが点滅しはじめたようなもの。それを無視してしまい、疲れを疲れとして感じなくなってしまうと、過労死のようなことになってしまいかねない。

私も、疲れることの感受性が麻痺し、そのゾーンに入ってしまったことがある。

四十代はじめのころだ。体力には自信があるから、ハードスケジュールで仕事を詰め込んでも、なんとかできると思っていた。自分を過信していた。

よくなかったのは、仕事がたくさんある状態が楽しかったことだ。前述したように、私は自分の力が発揮できるような状況になったのが遅かったため、人から求められ、オファーしてもらえることがうれしくて、どんどんスケジュールを埋めていってしまった。

自律神経でいうと、交感神経系は興奮系だが、そちらをずっとオンにしてしまい、ゆったりして休まるとき、脳でいうとセロトニン神経系、安定した副交感神経系のほうが取り戻せなくなった。

自律神経は交感神経と副交感神経のバランスが保たれていないといけない。両者はアクセルとブレーキのような関係なのだ。

ところが、疲れるという感覚を閉じてしまうような脳の興奮状態を続けて、仕事をこなしていた。からだに無理がかかっていること、疲れていることをよく自覚しない状態のまま走っていた。

あるときドッとそのつけが来て、病気になった。

疲れを感じるというのは、ある意味、正常な感覚である。

しかも、からだというのは何の予告もなく突然異変が来るのではない。徐々に徐々に疲れがたまっていく。シグナルはどこかに出ていたはずなのに、それを感知する回路を閉ざしていると、気づかないままになってしまう。そして突然、何かの拍子にあらわれる。

自分のからだが、どの程度の負荷でシグナルを鳴らすのか、それをきちんと知って自己管理しなければならない。

若いときからスポーツをやっていて体力に自信のある人のほうが、案外、油断しやすい。

病気のあと、美輪明宏さんにお会いする機会があってその話をすると、「寝てなかったでしょ」と言われた。たしかに、睡眠時間が極端に減っていた。「人間、寝ることよ。寝てれば大丈夫」と美輪さんににっこり言われて以来、私は仕事量を減らしても睡眠時間は削らないようにとこころがけている。

現代はフィジカルよりもメンタルな疲れの時代

昔の人は、どこに行くにも歩いていた。農作業にしても、さまざまな力仕事にしても、人の手でやるしかなかった時代は、「疲れる」とはまさに体力的なことだった。

現代人にはそういう苦労はないが、その分、フィジカルよりもメンタルの疲れが出るようになった。

とにかく、毎日たくさんの人とコミュニケーションをとりつづけなくてはならない。毎日いくつもの新しいことが起きて、何人もの人と知り合い、大勢の人とスピーディーかつ円滑に意思の疎通をはかって、交渉事を進めたり、関係維持に努めたりしなければならないのだから、気疲れするのも当然だ。

ついこのあいだまでは、お願いごとがあれば手紙を書いて出し、その返事を待った。十日、二週間かかって当たり前だった。いまはメールの返信が数時間なかったら、「ご返答がないので、この件はほかの方に」みたいなこともありうる。

ものごとを判断処理する時間、考える時間というものがとても短く、つねにあわただしく時間に追われている感じになっている。

しかも現代社会には二十四時間、闇がない。夜中も電気がついて、テレビもついている、インターネットもできる。夜中にも神経がずっとオンの状態でいる人が少なくない。

もともと人間は、朝になったら目覚めて活動し、夜になったら休むという体内メカニズムを持っている。生物のしくみとして、からだの構造が昼間に活動して夜は休止するようなリズムになっている。太陽の運行とセットで生物が細胞レベルから進化してきたからだ。

私たちは、そんな自然のメカニズムを無視したような生活をするようになってしまった。そういった意味でのストレスも、現代的な疲労の一因としてあると思う。

フィジカルな疲れの場合は、食事を摂《と》り、たっぷり眠ることで回復できたが、肉体的なエネルギーは放出しきっていないような状態なのに、脳とこころには、過剰なストレスがかかっているというアンバランスな状態がいいわけはない。

人間のからだとこころは切り離せない。「偏った疲労」状態が続くことで、疲れているのに眠れないとか、うつ症状といった今日的な問題のひきがねになっている気がする。

まずは発散、それからリラックスへ

人間は、やはりからだを適度に動かして、エネルギーを循環させることが必要だ。発散がなくて、ただひたすら静かにくつろごうとしても、エネルギーの放出が足りないのでうまくいかない。

たとえば、疲れているから週末は家でごろごろするのがリラックスになるかというと、けっしてそうではない。

肉体的に疲れきっている場合ならそれが休養になるが、神経ばかりが疲れている状態では、屋外に出て好きなスポーツにでも熱中してからだをくたびれさせ、ぐっすり眠って起きたほうが、よっぽど効果的だ。

最近はうつ病の改善のためにさまざまなスポーツセラピーが行われているが、サッカーを採り入れることがたいへん増えているという。さらにフットサルなら誰でも気軽にできる。サッカーやフットサルをやることで症状が改善されていく人の確率がかなり高く、その有効性が注目され、世界的に広まっている。

ストレスがたまっているなあと感じたときに私がときどきやるのは、いつもよりたくさん歩いて映画館に出かけ、たて続けに映画を三本くらい観ること。ワハハと笑えるようなもの、ジーンとして涙が出てくるようなもの、荒唐無稽なSFワールドものなど、異なる世界観のものを観る。日常生活とは完全にかけ離れた異質な世界に大量にひたると、濃密な時間が一気に過ぎる。すると、それまでくよくよ悩んでいたようなことも、「そんなこともあったな、まあたいしたことではないか」という気がしてくる。

適度な身体的疲労感と、リラックスした時間をメリハリつけて効果的に持つ。緩急をしっかりつける。

なおかつ、自分に合った手軽な疲れの癒し方を見つけておく。音楽を聴くとか、アロマのような香りを楽しむとか。それ自体が疲れをとるのにいいというより、その状態に自分を置くことでリラックスできるものを知っておくことが大事なのだ。

特別なことをしなくても、入浴方法で調整するという手もある。

入浴はリラックスするものでもあるが、適度に疲れるものでもある。四十度のお湯で二十分ぐらい、しかも、首まで浸《つ》かる全身浴がいいという。そのくらいの温度、時間の入浴だと、腸の動きもよくなって、副交感神経系の働きがよくなると順天堂大学の小林《こばやし》弘幸《ひろゆき》先生からうかがった。すると、入浴してから一時間半後ぐらいにいい眠りタイムが訪れるらしい。

私たちは、お風呂に入ってからだがリラックスし、温まることでよく眠れるように思いがちだが、入浴して一旦体温が上がったあと、熱放射で少しからだが冷めてくること で、眠気が来るのだという。そして床について最初の三時間でうまく眠りに入れると、すっきりと疲れが取れるそうだ。

また、たとえば運動不足ぎみで一日を終えてしまった日は、リンパの流れをよくするためにちょっと体操をする。

血流には心臓というポンプがあるが、リンパの流れには動力がない。動かないでいると、リンパ液が下がってたまってしまう。疲労物質がたまってしまう。リンパ管はからだの下水道、とどこおってしまうと、足のむくみはそのせいだ。

逆立ちが一番いいというが、仰向けに寝て、腰を手で支えながら足を上げるだけでも流れがよくなる。

こころよき疲れで「お疲れさま！」

石川啄木《いしかわたくぼく》はこんな歌を詠《よ》んでいる。

こころよき疲れなるかな
息もつかず
仕事をしたる後のこの疲れ

息もつかぬほどのめり込んで仕事をしたあとの心地よい疲れを味わったことがあるから詠めたものだ。

「疲れる」という言葉はどうしてもネガティブなかたちで使われやすいが、私たちも啄木のように、疲れにも「こころよき」ものがあると考え、いいエネルギー循環をさせて「心地よく疲れよう」という気持ちを持つようにすればいいのではないかと思う。

日本には、「お疲れさま！」「お疲れさん！」といういい言葉がある。

「今日はどうもお疲れさまでした！」と明るく言い合えるよう、「いい感じで疲れたね」という仕事の仕方をする。

どよんとした顔で「じゃあ！」と仕事から引き上げるのではなくて、さわやかに「お疲れさん！」で一日を締めくくる。

そんな意識を持つだけでも、疲れることに対する感覚が違ってくるはずだ。

疲れるのは悪いことではない。

心地よく疲れる生活を目指してほしいと思う。

11

からだが「踊る」と、こころも「躍る」

みんな踊りたかったんだ！

「踊る」というのは、人類にとって根源的な欲求である。

天《あめ》の岩屋戸《いわやと》の神話で、天照大神《あまてらすおおみかみ》が隠れて世の中が闇になってしまったとき、天照大神を外に引き出すために、神々は岩屋戸の前で宴《うたげ》を繰り広げる。天宇受売《あめのうずめ》があられもない格好で踊り興じるさまを見て、神々たちは笑いさざめく。

日本神話のこの有名な場面と似た話が、ギリシャ神話にもある。

豊穣《ほうじょう》の女神デメテルが激しい怒りと悲しみに暮れたため、世の中が飢饉《ききん》に陥ってしまう。その女神のこころをほぐしたのが、バウボというひとりの侍女の踊りだった。

踊りは全面的な肉体の肯定、生命力の肯定である。

そして「踊る」ことのなかには、何かを祝福する要素がある。

飢えや渇きが充《み》たされ、暑さ寒さがしのげて、生存のための最低条件がそろうと、人は踊って生きていることを言祝《ことほ》ぎ、目には見えない創造主に感謝を捧げた。「神楽《かぐら》」とは、神を楽しませると書く。

舞い踊ることは、人が言葉というものを持つ以前から、重要なコミュニケーション手段だったのだ。

「踊る」ことと「笑う」ことはセットになっている。からだを解放して踊る。それがこころの緊張をも解き放ち、笑いが起きる。からだが「踊る」と、こころも「躍る」。だからみんな踊りが大好きだ。

大ヒットした映画『モテキ』で、森山《もりやま》未來《みらい》さんの演じる主人公が恋に浮かれて街なかで踊り出すシーンがある。

Perfume《パフューム》の曲に乗って踊る、踊る。実際のPerfume三人まで登場して一緒に踊ってしまうという荒唐無稽さなのだが、これがめちゃくちゃ楽しい。幸福感を振りまいて、世の中をバラ色にしてしまう感じ。これこそ踊ることが持っているパワーだ。

私の教えている大学の構内でも、いつ通っても誰かがダンスの練習をしている場所がある。校舎のビルのガラスが、ちょうどいい具合に鏡の役割を果たしてくれているらしい。ヒップホップ系のダンスなどは、クルクルクルクルクル回っている。こんなに夢中になって踊りたい欲求があったのかと驚くくらいだ。

みんな踊りたがっている。

踊れない人は、誰かの踊りを見たがっている。

からだをくねらせ、お尻をフリフリさせる姿は、みんなの顔をほころばせる。

ＡＫＢ48もＫＡＲＡ《カラ》も、ただ歌っているだけではあそこまで人気にはならなかっただろう。ジャニーズの人たちも、ＥＸＩＬＥ《エグザイル》も踊る。松平健《まつだいらけん》さんはサンバだけでなく、最近はマハラジャ踊りもやっている。

ドイツの舞踏家ピナ・バウシュのように、魂の底から揺さぶられるような踊りもある。「踊る」ことは生命力の発露だ。

捜査線はなぜ踊った？

「踊る」というと、大ヒットしたテレビドラマと映画『踊る大捜査線』シリーズも思い浮かぶ。こちらは誰も踊ってみせるわけではない。刑事たちの捜査線という舞台と、「踊る」という言葉のミスマッチ。まずタイトルに、意外な面白さがあった。

主人公の決めゼリフは、「事件は会議室で起きているんじゃない、現場で起きてるんだ！」のひとこと。

ぐるぐると議論がまわりつづけてちっとも進展しない様子をあらわす、「会議は踊る」という言葉がある。会議は踊ったとしても、事件の捜査は踊っているわけにはいかないんだ、という現場刑事の叫びともとれるし、いろいろな人が問題解決の本質とは違うところで自分の立場を主張することへの批判ともとれる。そういったダブル、トリプルの意味合いが象徴的に表現されていて、いいタイトルだ。

プロデューサーの亀山千広《かめやまちひろ》さんによれば、企画段階では『サラリーマン刑事』というタイトルがついていたそうだ。会議で案が煮詰まっていたとき、冗談のつもりで、「『踊る大紐育《ニューヨーク》』と『夜の大捜査線』を大つながりでくっつけて『踊る大捜査線』なんてどう?」と出したところが、最後までこれよりグッとくる案が出なかったらしい。

失礼ながら『サラリーマン刑事』のままだったら、ここまでヒットしたかは疑問だ。ネーミングの成功によるところが大だと思う。

ディスコが流行《はや》り、『サタデー・ナイト・フィーバー』の影響で熱くなって踊ることを「フィーバーする」と言ったこともあった。

お立ち台、パラパラ……時代を象徴する流行りものには、いつも踊りの要素が含まれている。

命はじっとしていられない

踊るとは、からだが浮き立つこと、はずむこと。

子どもはからだがいつもはずんでいる。こころもはずんでいる。だから落ちつかせてじっとすわらせるのに苦労する。それが子どものからだの特性なのだ。

舞踏家の大野一雄《おおのかずお》さんの言葉を集めた『大野一雄　稽古の言葉』（フィルムアート社）という本に、こんな言葉がある。

舞踏というそのものが、くねくね動く。手は非常にしゃべるようにできている。自分の気持ちを知らせるためにしゃべるように。ところが足は、命を支えているから、そんなに手のようにしゃべらないわけですよ。そんな関係で舞踏って使われるようになったんじゃないだろうか。

踊るときには、魂が先行する。人間が歩くときは、足のことを考えますか。誰も考える人はいない。子どもは、こっちへおいで、と呼ばれて、おかあさん、と、こういくでしょう。命は、いつもそういうものですよ。じっとしていない。

何かを感じとったら、自然にからだがそれに反応して動き、それが表現になっている。「じっとしていられない」で動いてしまうのが、人間のからだだ。

サモアに行ったとき、宴会があるとみんな前に出て踊り出したので驚いた。

沖縄の人たちもそうだ。手をひらひらさせて舞うだけではない。三線《さんしん》を弾く人、三板《さんば》というカスタネットのようなリズム楽器をはじく人、指笛を鳴らす人、それぞれがからだを使ってはずんでいる。

踊ることが日常のなかに息づいていて、ごく自然にワザ化されている。

そういえば、昭和のころの宴会芸というと安来節《やすぎぶし》、「どじょうすくい」がすぐに浮かぶ。ふだんはかたい雰囲気の人が手ぬぐいを頬《ほっ》かむりしてコミカルな動きを見せる。「えっ、こんなこともできるのか」とイメージがくつがえされたものだった。

子どものからだははずんでいるが、思春期になると一気に冷えかかり、「うぜえ」「たりぃ」になっていく。そこで自分のからだの温め方、上手なエネルギー放出の方法を見つけ出すと、バランスを取り戻す。

「うぜえ」「たりぃ」ときは、からだが冷えている。冷えたからだは踊れない。

人はみな自分の持ち場で踊っている

自分の内側のエネルギーをいい感じで発露できることは、ある種、「踊っている」ことなのではないだろうか。

それをやっていることが楽しい。うれしい。自分自身を喜ばせる。

自分のリズム、自分のテンポで動ける。自分を解き放って、もっと、もっとと挑戦していくとき。

さらにいえば、周囲の人たちを喜ばせられるとき。

その人は「踊っている」といえるのではないか。

スポーツはとくに象徴的だが、素晴らしい活躍をしている人はみな、踊っているように見える。

マイケル・ジョーダンのシュートする姿は、完全に跳んでいた。まさしくダンスのようだった。

「蝶《ちょう》のように舞い、蜂のように刺す」というキャッチフレーズを持っていたのは、伝説のボクサー、モハメド・アリだ。

室伏広治選手がハンマーを投げるときの姿も踊っているようだし、錦織圭《にしこりけい》選手がテニスコートを跳ねまわっているさまもダンスさながらだ。

一流の料理人も厨房《ちゅうぼう》で踊っているような感じがする。

仕事の上手な職人さんはみな、仕上がったものも見事だが、作業をしているときの動きがとても美しく、踊っているように見える。無駄な動きがなくて、自分のリズムというものを獲得しているからだろう。

「よく踊りたい」

映画監督の周防正行《すおまさゆき》さんが、『Ｓｈａｌｌ ｗｅ ダンス？』がきっかけとなって結婚した草刈民代《くさかりたみよ》さんとこんな話をしている。『周防正行のバレエ入門』（太田出版）という本のなかで、バレエのこと、バレリーナの心得などを草刈さんに訊いているのだ。

草刈　力の配分というのは、それだけを考えてできることではないと思う。やっぱり、無理をしながら稽古や本番を重ねていくことで力がついて、だから余計なことが削《そ》がれていくというかね。結果的にそれが力の配分に通じているんじゃないかしら。私は、「力まない」ことは考えても、「抜く」ことを意識したことはないんだけれどね。年齢を重ねるごとに踊るのが楽になってくる部分がある。それは、余分な動きや表現をしなくなってくるからだよね。ステップの精度を高めることを考えて稽古していくと、動きも整理されていくから、何が余分なことなのかわかってくるし。でも、若い頃は、力で踊れるし、それが気持ちよかったりもする。二六歳のときに踊った『ドン・キホーテ』の映像を見て驚いたけど、完成度はともかく、すごい力で踊っていた。この時期の踊りは馬力だけはあった（笑）。

周防　コントロールはないけど、球だけは速かったみたいな（笑）。ただ、その全力で踊り続ける、そのときのいちばんのモチベーションは何なの？

草刈　「よく踊りたい」という一点に尽きると思う。技術もしかり、表現力もしかりだけど。「踊るってどういうことなんだろう」みたいな興味とか、欲求とか。

これはバレエに限らず、どんな仕事にもいえると思う。

若いうちは、とにかくがむしゃらだ。ひたすら経験を積み重ねていくうちに、余分なものが何かがわかって、削ぎ落とされていく。本当に必要なことは何かがわかってくるから、やること自体は高度になっていっても、意外とラクにこなせるようになる。

世阿弥は、「花」という表現を用いた。若さはとても素晴らしい、しかしそれは「時分の花」、一時的な花でしかない。そのときそのときの年齢に合った花の咲かせ方がある。それこそが「まことの花」だといった。

ひとつのことに邁進《まいしん》してきた人は、みなそれに気がついている。

いろいろな動きが手慣れてきて、自動化していくことによって、りきみが抜けてくる。無駄な力が抜けてきたときに「踊る」状態になる。よけいなものが削がれていった動きは、知らない人がはたで見ても美しいものなのだ。

自分の身についているものは、その道で「踊っている」ということ。

輝いている人はみな自分の持ち場で踊っている。

私の教え子に、企業に就職したけれども、やっぱり違うと教師に転職した人がいる。「授業をしていると、自分が教壇で踊っている感じがする。こっちのほうが自分に向いている」と言っていた。

こういう実感を味わえると、それをまさに「天職」だという気持ちで取り組めるので、へんな妥協やあきらめをしなくなる。自分の持てる力のすべてを注ごうと思える。

それをやることで自分は踊れるか――。一途《いちず》になって、もっとうまく踊りたい、もっとよく踊りたいと思えるか――。自分の生きる道が見つからない人にとって、大きなヒントになると思う。

からだの軸を持つ

バレエやダンスでクルクルと回転をするには、からだの軸がしっかりしていないといけない。軸がブレると簡単にふらついてしまう。

じつは日本舞踊の静的な動きも、非常に軸を必要とする。日本舞踊は踊りでありながらとてもゆっくりとした動きだ。しかも少し腰を落とした姿勢で、すり足をする。

テンポのいい音楽に合わせて動くのはむしろ簡単なことで、ゆったりと間《ま》をもたせながら抑制された動きを継続していくには、たいへんな鍛錬がいる。もっとも求められるのが腰ハラの力なのである。

腰が決まるということは、踊りが決まることだ。

私は授業で、歌舞伎の六方《ろっぽう》を採り入れたことがある。

最初はみな、ふらふらしている。足を上げ下ろしするたびにからだがふらつき、上体が前かがみになったり傾いたりする。ダンス経験者はコツを吸収するのが早い。

練習を重ねて、自分の中心軸を下腹に置き、腰ハラで立つ感覚を覚えると、立った軸足が安定してくる。

武道における基本姿勢も同じだ。腰ハラがしっかりしていて、そこにピタッと止まって、呼吸をコントロールする。

これを覚えると、からだに軸ができてくる。ブレないからだができると、人はブレないこころを持てるようになる。

盆踊りの陶酔

みんなが踊りたがっていることを実感するひとつが「阿波《あわ》おどり」だ。

その名のとおり徳島を発祥とする盆踊り。

「踊るあほうに見るあほう　同じあほなら踊らな損々」の言葉そのままに、みんなが踊りたがって、いまや全国に広がっている。

「連」と呼ばれるグループがあって、そのグループごとに特色のある踊りを考え出す。みんなと一緒に踊ることで、いっそう盛り上がっていくイベントのひとつだ。

盆踊りには生きている者たちだけの楽しみではなく、死者との交信の意味もある。

ラフカディオ・ハーンは、出雲《いずも》で盆踊りを見て、この世のものとは思えないものを見たという感覚をいだく。

ふと私は、何か太古のもの、この東

徳島県　阿波踊り
写真：四国フォトサービス/アフロ

洋の歴史が記録に残される以前からのもの、もしかしたら、薄明の神代《かみよ》の時代から存在したものを目にしているのではないだろうか――そんな思いが、頭をよぎった。この盆踊りは、数えきれない長い歳月の間に、その意味が忘れ去られてしまった動きを、象徴しているのではないだろうか。

（中略）

宙にふわふわと揺れているような踊りは、眠気を誘う調子で、ゆったりと、静かに進んでいく。そこには不思議な優雅さがあり、それが素朴であるがゆえに、この踊りは、その輪を取り囲む山々のように、古くからあったものではないかと思えてくる。

（『新編 日本の面影』池田雅之訳　角川ソフィア文庫）

幽霊が出てきてもおかしくないような風景のなかで、しかしハーンは、聞いたこともない調べ、見たことのない動きが、なぜ自分のこころに懐かしさのようなものをかきたてるのかとも書いている。

日本人は死者とさえ踊る。そのあたりの考察も面白い。

人も踊る、鹿の踊りに誘われて

宮沢賢治の童話に、『鹿踊《ししおど》りのはじまり』という作品がある。

草原で耳をすませていたら、風が面白い話を教えてくれたというのだ。

農民の嘉十《かじゆう》は、ひざを悪くして、それを治そうと湯治場に通っている。疲れて途中でひと休みしてだんごを食べ、再び歩きはじめたが、休んだときに手ぬぐいを置き忘れてしまったことに気づいた。戻ってみると、そこには六匹の鹿がいる。

すすきの陰からこっそり見ていると、嘉十には鹿たちの言葉が聞こえてきた。

鹿は嘉十の忘れた手ぬぐいを見て、「これは何だ？」と考え合い、話し合っていたのだ。やがてひとつの結論が出る。嘉十が食べ残してあっただんごを分け合って食べた鹿たちは、一匹ずつうたを詠み、踊り出す。

その姿にすっかりこころを奪われた嘉十は、自分も鹿になったような気がして「ホウ、やれ、やれい」と叫びながら飛び出してしまった。

驚いた鹿たちは一目散に逃げた。はっとなった嘉十は、苦笑いしながら鹿たちにいじくりまわされた自分の手ぬぐいを拾って、湯治場へとまた歩きはじめた。

——こういう物語である。

この童話は知らなくても、詩「高原」(『春と修羅』所収)なら知っているだろう。

海だべがど　おら　おもたれば
やつぱり光る山だたぢやい
ホウ
髪毛《かみけ》　風吹けば
鹿踊《ししおど》りだぢやい

(『宮沢賢治全集1』　ちくま文庫)


この詩のもともとのタイトルは、「叫び」だったらしい。

『鹿踊りのはじまり』には、からだのスイッチを入れる動詞がふんだんに登場する。

叫んだり、歩いたり、考えたり、耳をすませたり、味わったり、触れたり……。宮沢賢治はからだのスイッチ・オンの大天才だったのだ。

自然に踊れる人生はすごくいい。

12

「笑う」門には福ばかり

「笑う」と脳は深呼吸する

学生のなかに時折ものすごいイケメン君がいる。さぞモテるだろうと周囲の学生に訊いてみると、意外にそうでもないという答えが返ってくる。実際のモテ度という意味では、話が面白くてみんなを笑わせることのできるやつのほうに軍配が上がるという。

芸能人の人気ランキングの上位につねにお笑いタレントの名が並ぶようになって久しいが、いまは付き合う相手も「笑わせてくれる人」の人気が高くなっているらしい。

笑いはリラックスしたところに起きる。「笑わせる」とは、相手を開いた身体性にすること、ゆるめることである。からだがほどけた状態になると、親近感を持ちやすい。自分を笑わせてゆるめてくれる人と一緒にいると心地いい。

「笑う」とはからだの反応のひとつ。顔の表情筋がゆるみ、口が開き、思わず声が出る。腹筋とも連動し、激しい笑いになると横隔膜が痙攣《けいれん》するように動く。

このとき脳はどうなっているのか。

「笑う門には福来《きた》る」のことわざがあるように、昔から笑うことは心身にいい影響を及ぼすと考えられてきたが、具体的にはどのような効能があるのか。『「笑う脳」の秘密!』(祥伝社)という本にその測定結果が紹介されていた。著者の伊《い》東乾《とうけん》氏は、作曲家・指揮者として活躍するかたわら、脳認知科学に立脚した視点での音楽の研究に取り組んでいる人だ。

脳の血流可視化装置を使って笑っている人の脳を見たところ、「前頭前野《ぜんとうぜんや》は酸素を含む血液の流入が顕著に増大」していることがわかったという。

笑うことで脳に酸素がたくさん送り込まれ、いわば「脳が深呼吸している」ような状態になる。これにより呼吸そのものも深くなり、リラックスできる。

プロの演奏家たちは、本番前の楽屋でよく笑っているそうだが、大笑いしていると「アガって」「緊張してコチコチになる」ことはないという経験的事実に対して、科学的な裏付けがあったことが証明できたわけだ。

本番でリラックスして成果を出すためには、よく笑うことが一番。

受験や面接、大事なプレゼンの直前には大いに笑って脳に深呼吸をさせるべし、である。

笑いは免疫力も高める

笑いが免疫力にもたらす効果の研究も進み、それが実証されつつある。

分子生物学者の村上和雄先生は、「笑いは生きる力を引き出す」とおっしゃっていた。吉本興業の協力を得て、糖尿病の患者さんに漫才を聴いて笑ってもらったところ、食後の血糖値の上昇が抑えられることがわかったそうだ。笑うことにより、免疫力の向上に重要な役割を果たす遺伝子のスイッチがオンになるのだという。

あるいは、ナチュラルキラー細胞が活性化して癌《がん》の予防に効果があるという研究もある。

笑いがからだにいいことを、実際に病気と関連づけて言いはじめたのは、アメリカのジャーナリスト、ノーマン・カズンズだった。

一九六四年に膠原病《こうげんびょう》にかかったノーマン・カズンズは、自分の病気とどう闘うかを自分の頭で考え、理解ある主治医のもとで、積極的に笑うことと大量のビタミンC投与という治療法を実践する。

『笑いと治癒力』（松田銑《まつだせん》訳　岩波現代文庫）はその記録だ。

カズンズは、笑える映画や笑える本をどっさり持ち込んで、自分を笑い漬けにした。

効果はてき面だった。ありがたいことに、十分間腹をかかえて笑うと、少なくとも二時間は痛みを感ぜずに眠れるという効き目があった。

（中略）

ビタミンCが効いているのだ。笑いもよかったのだ。その二つが力を合わせて、結合組織をおかしている何かの毒をぐんぐん退治しているのだ。

この独自療法で病気を克服した彼がその体験記録をアメリカの権威ある医学専門誌に発表したところ、これがたいへんな評判を呼んだ。

当時は、それは単にプラシーボ（偽薬）効果に過ぎないのではないか、効くに違いないと思い込むことによる心理的な作用ではないかという意見が多かったが、カズンズはそれらの意見をも前向きに受けとめ、プラシーボであったとしても効験《こうけん》はあったと強調し、これは「生への意欲の化学」だろうといった。

笑うことは「体内ジョギング」のようなものだともいっている。ジョギングが有酸素運動であることを考えれば、先ほどの「脳の深呼吸」と連動する話だ。

わたしはもう一つのことも学んだ。それは、たとえ前途がまったく絶望的と思われる時でも、人間の身心の再生能力を決して過小評価してはならぬということだった。生命力というものは地球上でもっとも理解されていない力かも知れない。ウイリアム・ジェームズは、人類はともすれば、自分で設けた枠の中に閉じこもって生き過ぎると言った。人間の精神と肉体の双方に、生まれながらに完全性と再生を求めてつき進む力が備わっている。われわれがその自然の力にもっと十分の敬意を払うようになったら、その枠がうんと拡がっていく可能性がある。

自分で「そんなことはあるまい」と勝手な枠を設けてはいけない、人間の身心の再生能力をもっと信じて評価すべきだというわけだ。

面白いことがあるから笑うのではなく、積極的に笑おうと決め、笑いをふんだんに取り込んでいく。自分を意図的に「笑うからだ」に仕向けていくことで、再生力を湧き上がらせることができると考えたのだ。

「笑い＝生の肯定」という考え方

前述の村上和雄先生も、ノーマン・カズンズも、笑うことによって生きることに前向きになり、肯定的に状況を受け入れることで、からだの免疫力、抵抗力が高まるという発想である。

それで思い出すのは、アウシュヴィッツの収容所に送られながら生き延びた体験を持つ精神科医、ヴィクトール・フランクルの言葉だ。『夜と霧』（霜山徳爾《しもやまとくじ》訳　みすず書房）にはこうある。

一つの未来を、彼自身の未来を信ずることのできなかった人間は収容所で滅亡して行った。未来を失うと共に彼はそのよりどころを失い、内的に崩壊し身体的にも心理的にも転落したのであった。

「自身の未来を信ずることのできなかった人間」とは、絶望のなか、生きる意欲を失い、すべてをあきらめてしまうことだ。どんな極限的な状況に置かれても、生を肯定する気持ちを失わずにいる人にこそ、希望が残される。

こんなエピソードが語られている。

フランクルは、収容所の工事場で一緒に働いていた友人に、一日にひとつ、愉快な話を見つけることをお互いの義務にしようと提案する。

ユーモアの感覚を持つことは、「自己維持のための闘いにおける心の武器」になるから。そして、自分の現在の状況に対して「数秒でも距離をとり、環境の上に自らを置くのに役立つ」からだった。

強制収容所のようなところでは、そのゆがんだ世界観のなかに完全に埋もれてしまったら心理的にも破滅に向かってしまう。そんな状況に支配されないためには、行き詰まってしまわないためには、その世界観からなんらかのかたちで距離をとろうとするスタンスを持つ。ではその「距離」をどうやって置くか。

一日のうちのほんのわずかな時間でも、いまの苛酷きわまりない状況から自分を切り離し、笑いの感覚を持つこと。それこそが未来への希望につながる方法だとフランクルは考え、実際、それで命を永らえることができたのだった。

不幸な状況にあると、誰でも落ち込む。気が滅入る。そこで「もう八方ふさがりだ、この状況を打開する道などない」と思い詰めることは、その世界観の枠のなかに埋没しきっているということだ。自分で壁を高くしてしまっている。ある意味、「パノプティコン（一望監視施設）」的な、自分で自分を縛る方向に向かってしまっているといえる。

そのとき、現状の壁を突き破るパワーになるのが、「笑う」ことなのだ。

秩序をくずし、ひっくり返った世界を楽しむ

笑うさまを表現する言葉のひとつに「相好《そうごう》をくずす」があるが、笑うことはきちんと整っている形をくずすことでもある。

笑うと表情がくずれる。そこに隙が生まれる。だから、取り澄ましているときとは違う親近感を抱く。ふだんの境界線を越えた付き合いが生じる。

つねに、きちんとしている自分をくずしたくない、隙を見せたくない、と身構えてい

る人はあまり笑わない。必然的にとっつきにくい人という印象になる。

笑うことは、隙やくずれを楽しんでしまうことなのだ。

日本でもっとも古い笑いの記述は、前述した天《あめ》の岩屋戸《いわやと》の場面にある。岩屋戸の前のにぎやかさに、何の騒ぎかと気になった天照大神《あまてらすおおみかみ》はそっと岩屋戸を開ける。

何由《なにのゆゑ》にか、天宇受賣《あめのうずめ》は樂《あそび》をし、また八百萬《やほよろづ》の神も諸《もろもろ》咲《わら》へる。

（『古事記』岩波文庫）

神々が酒を飲み、半裸で踊ったりする世界観は、なんとも陽気で突き抜けている。飲めや歌えの宴で盛り上がり湧き起こる笑いの前に、天照大神も無関心ではいられないのだ。

これが原初的な笑いの姿だ。

西洋のカーニバルや仮装では、権力者が立場の低い者になり、下の立場の人が偉くなり、男が女に、女が男になり、日ごろの社会構造をひっくり返して笑い興じる。

江戸時代に大人気を博した十返舎一九《じっぺんしゃいっく》の滑稽本、『東海道中膝栗毛』に出てくる弥次喜多コンビも、まじめに暮らす町人や職人の日常からちょっと外れたところ、お伊勢参りという庶民がいつか果たしたい観光旅行の道中を舞台に、人とからだをかかわらせ合いながら珍事を繰り広げ、おかしみを湧き起こす。

昨今のテレビに、オネエ系の人が次々と登場して人気者になるのも、男だけれど女の格好をして女の視点でものを言う、そのひっくり返しの術に長けていて、みんなを笑わせることがうまいからだと思う。

古今東西、きまじめに構築されたある世界観をくずしたり、壊したり、ひっくり返したりして、そこに生じるズレ、隙、ほころびの妙を楽しむのが、笑いの真髄だといえる。

笑いのバリエーション

『日本国語大辞典』（小学館）の「わら・う【笑・咲・嗤】」の項を見ると、こんな説明で始まる。

①　喜びやおかしさなどの心情を、声または顔の表情で表出する。おかしがって顔をくずし声をたてる。哄笑（こうしょう）する。えむ。
②　つぼみが開く。花が咲く。えむ。
③　果実が熟して裂け開く。えむ。

④　春になって、芽が出たり、花が咲いたりして景色が明るく見える。
⑤　縫い目が解ける。ほころびる。
⑥　（「膝がわらう」の形で）（膝の）力が抜けて、がくがくする。
（以下、略）

「笑う」とは、口を開け、顔の緊張をくずすことだ。よく「あの人は目が笑っていない」などと言うが、口元が少しゆるんでいても、目元がゆるんで頬の緊張が解けていないと、本当に笑っているようには見えない。

「咲」の字を「わらう」と読んだりもして、昔の人が笑うことを花になぞらえていたこともよくわかる。

やわらかく「微笑《ほほえ》む」のは、さしずめつぼみが開きかけ、クスッと笑う感じ。「爆笑」となると、完全に花開き、満開のような状態だ。

もうひとつの「わらう」の意味に、「あざける。ばかにして声をたてたり、顔をくずしたりする。嘲笑《ちょうしょう》する。あざわらう」というのがある。こちらの意味合いの場合、「嗤う」と書くこともある。

「鼻で笑う」とか「せせら笑う」「うすら笑う」など、相手を軽んじる冷ややかな感じの笑い方もこちらに入る。

「さらす」という意味の「哂」の字をあてて「哂《わら》う」と読むこともあった。まさに、自分の隙やくずれた部分を人にさらけ出すことととらえられていたのだ。

「つくり笑い」「愛想笑い」「おべっか笑い」「お追従笑《ついしようわら》い」などの言葉もある。本当におかしくて顔がゆるむのではなくて、無理やり笑顔をつくろうとするかたちの笑い方だ。私たちはあまりいいニュアンスと見ないが、かたちだけでも笑顔にすることで場の雰囲気がよくなる、関係性が良好になる、すなわちコミュニケーション上メリットになることを知っていたからこそ、笑みをつくったのではないだろうか。

「笑う顔に矢立てず」ということわざもある。

つくり笑い、愛想笑いも、まずはかたちから入るのだと思って続けていれば、ワザとなる。

「笑い三年泣き三月」という言葉もある。義太夫節《ぎだゆうぶし》の稽古では、泣くところは三月あればマスターできるが、笑うところは三年かかるという意味で、芸としては泣かせることより笑わせることのほうがはるかにむずかしいといわれる。

ラフカディオ・ハーンは、「日本人の微笑」という随筆で微笑の分析もしている。日本人は、死に直面したときでも、解雇を言い渡されているときでも、微笑んでしまう人たちだとして、それは「日本的な礼儀正しさ」であり、「念入りに仕上げられ、長年育まれてきた作法なのである」と書いた。

レオナルド・ダ・ヴィンチ『モナ・リザ』
(1503-1506年頃)
提供：Artothek/アフロ

レオナルド・ダ・ヴィンチの名画『モナ・リザ』に対して、日本人は「あれは微笑みだ」と反応する。しかし西洋では、あれを笑顔とは思っていないところもある。何を考えているのかわからない奥深さ、謎めいた女性のあり方として、神秘性を感じ、魅力を感じているのだ。

笑えるからだ

子どもはなんでもないようなことでもよく笑う。箸《はし》が転んでもおかしい年ごろの女子中高生もよく笑う。

よく笑えるからだはボールのように軽やかにはずんでいて、反応がいい。

ところが、年がいくにつれて、なかなか笑えなくなってくる。

ひとつには、日々の生活のなかで笑ってばかりいられないことが増えるためだが、もうひとつには、からだがさっと反応できなくなるからでもある。とくに、からだがガチガチにこわばってしまっていると、笑いのスイッチが入りにくい。

一般に、女性は年をとっても自由に笑える人が多いのだが、男性は年とともに笑えなくなる人がどんどん増える。

講演会でも、女性の多い会場では笑いが起きやすい。だが、中高年の男性ばかりとなると、極端に雰囲気がかたくなる。大の男が易々《やすやす》と笑ってなるものかと思っているのかもしれないが、話をまじめに聴こうと身構えすぎていて、ジョークを言っても反応がない。

「皆さん、なんだか雰囲気がかたいですね。それはからだが固まっているからです」と、立って軽くジャンプしてもらったり、肩甲骨をぐるぐるまわしてもらったり、声を出してもらったりする。そうやってからだを揺さぶるだけで、よけいな緊張がほぐれて笑いが出やすくなる。

これには、話し手である私と、聴き手とのあいだに関係性を築く意味もある。こうしてくださいと私が言い、それに反応してもらう。一対多対応ではあるけれど、「呼びかけ」「応える」関係ができる。すると、からだがほぐれるのと関係性の構築とによって、話に反応しやすいからだに切り替えられる。

笑うには、からだの状態と関係性がセットされる必要がある。

笑えるからだの三原則を、私はこう考えている。

①　からだをこわばらせない。
（顔の表情筋、肩甲骨、みぞおちががちがちになっていると笑えない）

②　状況や環境、関係性などを受け入れる。

③　位相をずらす目、ひっくり返す目を持つ。

ふだんは笑いの少ない中高年世代の男性も、ゴルフのときにはよく笑う。親父《おやじ》ギャグを言い合い、ナイスプレーだと言っては笑い、ちょっとしたミスをしては笑う。それはいい関係性の人と一緒に好きなことをしていることもあるが、肩をたくさんまわし、よく歩き、からだを動かして笑いやすいからだになっているからでもある。

こわばって笑えない場合、からだのどこにポイントがあるかというと、顔の表情筋、肩甲骨、そしてみぞおちだ。最近ちょっと笑えていないと思ったら、自分で軽くもみほぐしてゆるめるだけでも違う。

笑えないというのは、反応が鈍くなっていることなので、老化現象のひとつだと私は思う。ただし、単純に年齢の問題ではない。八十代、九十代でも生き生きとしている人は、たいていよく笑っている。要は、笑えるからだを維持しようとする意識がどれだけあるかによるのだ。

いまは笑いに対してとても受動的になっていると思う。自分から笑うというより、誰かが笑わせてくれるのを待っている。それをお笑いタレントに頼り、あるいは付き合う相手に求める。

もっと、自分のほうから笑うモードをつくろう。からだをゆるめ、口元を横に広げるところから習慣づけるといい。ポイントは口角上げだ。

「笑う門には福来る」というのは、にこにこ笑っていつも陽気な家には自然と福運がめぐってくるという意味だが、その柔軟な姿勢、こころの持ちようが福を招き寄せるということもあるだろう。

笑わせるワザ

谷崎潤一郎の『幇間《ほうかん》』という短編小説がある。

幇間とは太鼓持ちのこと。酒席で面白おかしいことをして、お客と芸者衆とを盛り上げる人。男芸者という言い方もあった。

『幇間』の主人公・三平は、もともとはお客として遊んでいたのが、幇間がやりたくなってその道に弟子入りしたという男だ。

遊び仲間の連中に喜ばれ、酒の席にはなくてならない人物でした。唄《うた》が上手で、話が上手で、よしや自分がどんなに羽振りの好い時でも、勿体《もったい》ぶるなどと云う事は毛頭なく、立派な旦那株であると云う身分を忘れ、どうかすると立派な男子であると云う品位をさえ忘れて、ひたすら友達や芸者達にやんやと褒《ほ》められたり、可笑しがられたりするのが、愉快でたまらないのです。華やかな電燈の下に、酔いの循《まわ》った夷顔《えびすがお》をてかてかさせて、「えへへへへへ」と相好《そうごう》を崩しながら、べらべらと奇警な冗談を止め度なく喋《しゃべ》り出す時が彼の生命で、滅法嬉《めっぽうう》れしくてたまらぬと云うように愛嬌のある瞳《ひとみ》を光らせ、ぐにゃりぐにゃりとだらしなく肩を揺す振る態度の罪のなさ。まさに道楽の真髄に徹したもので、さながら歓楽の権化《ごんげ》かと思われます。

（『刺青・秘密』新潮文庫所収）

「ぐにゃりぐにゃり」として、ただだらしない身体になっているわけではない。そうやって自分を低くすることで、相手を立てて笑わせる。徹頭徹尾、自分をやわらかくくずしてしまって、そこに笑いを生む。「笑われる」ようにしている。

しかもそれだけではなく、端唄、常磐津《ときわず》、清元《きよもと》など、誰もがしみじみと聞き惚《ほ》れるような芸を見せる。芝居のまねごとや落語のようなものも、巧みにやってのける。ただうまいのではなく、ちゃんとみんなが笑えるようにやる。「笑わせる」腕のほうもたいしたもの。

太鼓持ちというと、力のある人にすり寄っていって、調子よくごまをすって、なんとか自分の立場をよくしようとする人のような雰囲気があるが、もとはこの『幇間』の三平のように、人を楽しませ、喜ばせるためにとことんやるのが太鼓持ちだった。

この小説はこう締めくくられる。

三平は卑《いや》しい Professional な笑い方をして、扇子でぽんと額を打ちました。

たしかに「ううむ、これぞプロ」という感じで、三平の下卑《げび》た笑いの奥には、人間の幅の広さ、奥行のようなものが感じられる。

誰でも笑うのは楽しい。だが、自分自身が笑うことよりも、ほかの人を笑わせることのほうが、より喜びは大きい。それを味わったことのある人が笑いを職業とするようになるのだと思うが、私なども講演などで話をしていると、笑ってもらえる喜びの大きさを実感する。

私の場合、別に笑いをとるのが目的ではないのだが、納得してうんうんとうなずかれるよりも、口を開けて笑ってもらえたほうがうれしい。そこで先ほど言ったようなかたちで、笑えるからだをセッティングしてもらう。

たとえば、期待されていたのに失敗してしまったとき、自分に対して「あ〜あ、失敗しちゃったよ」と苦笑いできるとか、もっというと、自分のことを笑い飛ばせる人は、こころにまだ余裕がある。笑いはひとつの余裕。成熟した知性のひとつだ。

「哄笑することを学べ」

江戸時代の禅僧、仙厓《せんがい》は、軽妙洒脱《けいみょうしゃだつ》、ユーモアに満ちた水墨画を多く残している。なかでも、やわらかな線で描かれた布袋《ほてい》さんは、顔の表情といい、からだのゆるみ具合といい、まさに大きく笑えるからだのイメージだ。見ているだけでこちらの緊張もほどけて、自然と笑みが浮かんでくる。

坂本龍馬《さかもとりょうま》や西郷隆盛《さいごうたかもり》も、追い込まれたときにも豪快に笑える人物だったという。

歴史上の人物で坂本龍馬の人気はとても高い。一介の脱藩浪士がなぜみんなからそれほど愛されるのかといえば、龍馬に、既成概念の枠にはまらない型破りなところがあるからだろう。周囲の人々が緊張関係をもって対峙《たいじ》し、状況の行き詰まりにあえぐなかで、豪気に笑い飛ばしながら世の中をひっくり返していく、そんなイメージが龍馬にはある。

大笑いして相手にからだごとなじんでいき、絆をつくり、場の緊張を解き、人と人を取りなし、つなげていく。龍馬の見ている世界は他の人と違う。位相をずらした視点を持っているからこそ、みんなが汲《きゅうきゅう》々としているときにも呵々大笑《かかたいしょう》することができた。

状況に呑《の》み込まれてしまうからどうしようもなく絶望的に思えるのであって、視点を変えればこんなことは全部呑み込めるんだという立ち位置が、怖いもの知らずの行動力となり、同時に人を惹《ひ》きつける魅力になっていた。

その龍馬は西郷隆盛を評して、「少しく叩けば少しく響き、大きく叩けば大きく響く」（『氷川清話《ひかわせいわ》』江藤淳・松浦玲編　講談社学術文庫）と言ったと勝海舟《かつかいしゅう》が伝えている。こちらも人とはひと味違う度量の大きさを感じさせる人物で、よく笑う印象が強い。

フランスの哲学者アンリ・ベルクソンは、「地球上で笑うのは人間だけで、笑わせるのも人間だけだ」（『笑い』林達夫訳　岩波文庫）と言った。

いつも自然に高らかに笑えるようであればそれが一番幸せなことだ。

けれども、笑いたいから笑うのではなく、笑おうと心がけて生きることを推奨したい。

ノーマン・カズンズのように難病に抵抗力をつけることも、ヴィクトール・フランクルのように苛酷な身の上に絶望せずに生きることも、坂本龍馬のように不穏な世の中を明るく切り拓《ひら》いていこうとするのも、みな自ら笑おうと意識した生き方だ。

面白いから楽しいから笑うのではなく、いまの状態を肯定して意識的に笑っていこう。

ドイツの哲学者ニーチェは、笑うことは、この世界を、この世界に生きている自分そのものを肯定していることであるのに、そのあり方が忘れ去られていると指摘した。そして、時のキリスト教会が人々から笑いを奪っていると批判し、もっと豪快に笑おうと提唱した。

『ツァラトゥストラ』でニーチェは言っている。

哄笑をわたしは聖なるものと宣言した。あなたがた、高人たちよ、学べ——哄笑することを。

（手塚富雄訳　中公文庫）

閉塞感の強い時代だからこそ、あらためてこの言葉を皆さんに贈りたい。

あとがき

二十代の頃、ずっとこうなりたいと思うものがあった。

「あなたは何者ですか?」と人に聞かれた時に、さっと「〇〇です」と答えるときの「〇〇」に当たる部分が、その人にとってのアイデンティティだと思う。

私の場合、この「〇〇」は、「思想家」であった。

自分のものといえる思想を練り上げ、世に問う。すでにある諸思想をもちろん勉強はするが、その解説者になるのではなく、自分で思想を編み上げることに情熱のすべてをかけた。

私の思想の根幹になったのは、「身体」、「からだ」であった。すべてを身体という視点で見る。自分自身の身体感覚を磨き、自分の身体を研究の方法とする。

いってみれば、「身体を基盤とした人間観、世界観の確立」に人生をかけた。三十代前半まで定職に就けなかったこともあり、「身体の思想」を練るのに充分な時間とエネルギーを得ていた。

さまざまな身体技法を自分の身体で試し、普遍的な理論へと結実させてゆく作業は、スリリングであった。さしたる理解や評価は得られなかったが、一人で興奮して、手に汗握った研究生活だった。

この本で、そうした研究生活で得た考えを一般的な形で表わすことができてうれしい。「めざせ！　フロイト!!」といった気概で思想家になるべく思想と経験を積み重ねてきたが、こうして一般書にしてみると、意外に現在では常識になっていることも多い。この三十年の間に、身体に関する認識が進んだということだろうか。

一方で、身体感覚や身体のワザが衰退している一面もある。「自分の身体」を取りもどすことが、他者とのつながりを回復することにもなる。こう考えて本書を書いた。

身体は、人との関係、世界との関係のあり方そのものだ、ということが私の基本思想だ。

たとえば、人との関係が閉じがちだということと、身体が閉じている、ということはつながっているということだ。これは、みなさんが自分やまわりの人を身体という観点から見直してもらえれば、実感として納得して頂ける考え方ではないだろうか。

人にはクセがある。そのクセは多く身体的なものと結びついている。失言癖のある人には、失言しやすい身体のクセがどこかにある。引っこみ思案がクセになっている人には、そうした傾向を支えてしまっている身体性がある。

たとえば、大阪では、刀で斬るマネをすると「ウーやられた」とリアクションしてしまう人が多い。そのついノリよく大げさに応答してしまう身体性は、大阪の風土の中で身体に習性としてしみこんでいる。この身体のクセ（習慣）が、心のあり方と無関係なはずがない。

風土と身体は、きりはなして考えることは、難しい。

たとえば、宮沢賢治という人の思想や作品は、岩手の風土によってつくられた「宮沢賢治という身体」から生み出されたものだと私は考えている。

自然の風土だけではない。社会的な風土も身体性をつくる。日本という社会で育つか、米国という社会で育つかによって、同じ日本人の遺伝子を持っていたとしても、異なる身体性が形成される。

そして、日本語という言葉の性質が、「日本人的な身体」の形成に決定的な影響を与える。

どの言語を母語として育つかによって、身体のあり方は変わってくる。そして、人との関係の仕方も当然異なってくる。

太宰治《だざいおさむ》の『走れメロス』は、「メロスは激怒した。」で始まる。実に簡にして要を得た、すばらしい冒頭だ。「激怒」という動詞で、メロスの単純さと正義感が表現されている。この「激怒」という身体性は、日本よりも古代の西洋の方が合っている。

夏目漱石の『草枕』の冒頭の「山路《やまみち》を登りながら、こう考えた。」という文には、「登る」という動きと「考える」という精神の働きの連動が見られる。きゅうくつな世の中だが、その中で生きてゆくほかはないという思いを、机の前ではなく、山道を登りながら抱《いだ》く。そこに面白みがある。

人は、自分の気質とつき合いながら生きてゆく。身体のクセをさまざま抱えながら暮らしてゆく。

他人と共に暮らすことは、身体のクセのぶつかり合い、化学反応ということになる。時に爆発も起こし、融合も起きる。

身体やクセという観点から、人との関係を見直してみると、新たな認識が得られるのではないか。それに伴い、寛容な気持ちが多少とも増えれば、ストレスが軽減するのではないだろうか。

『論語』の中に、こんな言葉がある。

「知者は水を楽しみ、仁者《じんしゃ》は山を楽しむ。」

私は若い頃から、なぜかこの言葉に魅力を感じていた。

人のもつ精神性と身体性と自然とが融合していることが、この短い言葉に凝縮されていると感じたからかもしれない。

「水を楽しむ」といったこと一つにも、その人の精神と身体のあり方が表れる。

水をながめ、感じることは、なめらかな動きを好むこととつながっている。知者は動きを好むのだ。不動の山を楽しむ心は、「仁」の寛容さとつながっている。

水を楽しむ知者をめざすもよし、山を楽しむ仁者をめざすもよし、両方をめざすもよし。こんな観点を持つことで、生きる楽しみも増すのではないだろうか。

この本を読むことで、「あーそういえば、これに似たことあったな」と、いろいろな「気づき」が起こって、広い意味での幸福感につながってくれればうれしい。

この本が形になるに当たっては、阿部久美子さんと集英社の平野哲哉さんから大きな御助力を頂き、お二人のおかげで充実度を増すことができた。ありがとうございました。

二〇一二年四月

齋藤　孝

文庫版のためのあとがき

「いまの自分を変えたい」という人が増えている。

こころを心で変えることはむずかしい。手っ取り早いのは、行動を変えることだ。

自分を活性化させ、スイッチ・オンする「動詞」を持とう、という趣旨で本書を書いた。

ある動作が熱心に行われているときには、その行動を指す言葉も実体感が強い。逆に日常的にその動作が行われなくなると、それを表現する言葉もすたれていく。

たとえば、最近はタオルなどを「絞る」ことのできない子どもがいる。家でも学校でも、雑巾がけをしなくなった。洗濯物を手で絞ることもない。「絞る」動作が生活のなかからどんどん減り、両手でぎゅっとねじって絞り込む動きを知らなくなっている。

「絞る」という動詞はもはや風前の灯だ。

日本人が帯や褌を締めなくなって久しい。「結ぶ」ことも苦手になっている。鉛筆を「削る」ことも、マッチを「すって」火をつけることもない。刃物を「とぐ」こともしなくなった。このごろは、米を「とぐ」という言い方もしなくなった。「洗うことでしょ」と、米を泡立て器で攪拌《かくはん》する人もいる。

言葉がすたれ、その動作がもたらしていた身体感覚が失われると、そこから派生した比喩表現も実感が湧かなくなる。

タオルを絞れない人は、ものを絞れないくらいだから、知恵やアイディアを「絞る」こともできない。ひもをきちんと締めて結ぶことのできない人は、気持ちを「引き締める」ことも、人と縁を「結んでいく」こともできない。米をとげない人は、感覚を「とぎすます」こともできない。

からだの動きと直接的に結びついた動詞が身の回りからどんどん減ってしまったことと、現代人が「生」を実感しにくくなったことは無関係ではない。

動詞の持っている意味を、いま一度見つめなおし、自分に足りないもの、あるいはこういう要素を身につけたいと思うものを意識して生活する。自分と親和性が高い動詞を見つけ、味方につける。

何かいやなことがあったとき、私はプールに泳ぎに行く。ゆっくりとしたペースでしばらく泳ぎ、疲れたらコースをはずれて仰向けになってプカリとからだを水に浮かせる。こころは沈みがちでも、からだはいつものように浮く。そしてまたコースに戻ってひとしきり泳ぐ。憂鬱な思いを水に流して泳いだり浮かんだりしているうちに、こころも軽やかになってくる。

ジムで、いつもより負荷重量を高くしてレッグプレスをやることもある。脚に力を入れて踏んばると、下半身に力がみなぎって、「この程度のことでは揺るがないぞ！」と自信が舞い戻ってくる。

思考が行き詰まったなと感じたときは、頭を思いっきり揉む。自分の脳の血行をよくし、思考のとどこおりを払拭するつもりで、頭皮を揉みほぐして柔らかくする。そして深呼吸して息を入れ替える。

私の場合、「泳ぐ」「浮く」「踏んばる」「揉む」、こんな動詞で心身を整えることができる。

人によってフィットする動詞は違う。これを「マイ動詞」にしようと意識すると、生活の構えが変わってくる。自分は何が得意で、どういう場面で実力を発揮できるのかがわかってくる。すなわち自分の闘い方がわかる。だから強くなれる。人間的な自信も湧いてくる。それによって対人関係も変わってくる。

動詞は、その人の生きる姿勢に投影されやすい。

自分のスイッチになる「動詞」をたくさん持っている人は、自分のからだをベースにして心地よく生きる術を知っている人だ。

あなたも生き方のスタイルを動詞で変えることができる。人生は動詞次第だ――。

文庫化に当たり、集英社の半澤雅弘さんに御助力をいただき、各章の補足となる写真などを盛り込むことができた。ありがとうございました。

二〇一八年三月

齋藤 孝

本文デザイン　アルビレオ
挿画　ヨシタケシンスケ

本書は二〇一二年五月、集英社より刊行された『「つぶやく」時代にあえて「叫ぶ」』を文庫化にあたり、『人生は「動詞」で変わる』と改題、再編集したものです。

初出
「からだに言葉を取り戻す」季刊誌「kotoba」二〇一〇年秋号〜二〇一一年秋号

齋藤　孝の本

数学力は国語力

自分の考えをまとめられない、上手に話すことができない、と悩むあなたへ。ヒントは算数・数学にあった！　数学的な発想から論理力を磨くメソッド。

集英社文庫

齋藤 孝の本

親子で伸ばす「言葉の力」

お子さんの勉強方法、今のままで大丈夫？　言葉の力を育てるための、テレビ番組や漫画を利用して、家庭で簡単にできるトレーニング方法を紹介します。

集英社文庫

齋藤 孝の本

文系のための理系読書術

知的好奇心を刺激する魅力にあふれた〝理系本〟を、
苦手意識から手に取らないなんて、もったいない！
本好きな人を新たな読書の地平へと誘う読書ガイド。

集英社文庫

集英社文庫　目録（日本文学）

早乙女貢　会津士魂三　鳥羽伏見の戦い
早乙女貢　会津士魂四　慶喜脱出
早乙女貢　会津士魂五　江戸開城
早乙女貢　会津士魂六　炎の彰義隊
早乙女貢　会津士魂七　会津を救え
早乙女貢　会津士魂八　風雲北へ
早乙女貢　会津士魂九　二本松少年隊
早乙女貢　会津士魂十　越後の戦火
早乙女貢　会津士魂十一　北越戦争
早乙女貢　会津士魂十二　白虎隊の悲歌
早乙女貢　会津士魂十三　鶴ヶ城落つ
早乙女貢　続会津士魂一　艦隊蝦夷へ
早乙女貢　続会津士魂二　幻の共和国
早乙女貢　続会津士魂三　斗南への道
早乙女貢　続会津士魂四　不毛の大地
早乙女貢　続会津士魂五　開牧に賭ける
早乙女貢　続会津士魂六　反逆への序曲
早乙女貢　続会津士魂七　会津抜刀隊
早乙女貢　続会津士魂八　甦る山河
早乙女貢　わが師山本周五郎
早乙女貢　竜馬を斬った男
早乙女貢　奇兵隊の叛乱
酒井順子　トイレは小説より奇なり
酒井順子　モノ欲しい女
酒井順子　世渡り作法術
酒井順子　自意識過剰！
酒井順子　おばさん未満
酒井順子　紫式部の欲望
酒井順子　この年齢《とし》だった！
酒井順子　泡沫日記
坂口安吾　堕落論
坂口恭平　TOKYO一坪遺産
坂村健　痛快！コンピュータ学
佐川光晴　おれのおばさん
佐川光晴　おれたちの青空
佐川光晴　あたらしい家族
佐川光晴　おれたちの約束
佐川光晴　大きくなる日
さくらももこ　ももこのいきもの図鑑
さくらももこ　もものかんづめ
さくらももこ　さるのこしかけ
さくらももこ　たいのおかしら
さくらももこ　まるむし帳
さくらももこ　あのころ
さくらももこ　のほほん絵日記
さくらももこ　まる子だった
さくらももこ
土屋賢二　ツチケンモモコラーゲン
さくらももこ　ももこの話

集英社文庫

人生《じんせい》は「動詞《どうし》」で変《か》わる

2018年3月25日 第1刷 定価はカバーに表示してあります。

著 者 齋藤《さいとう》 孝《たかし》

発行者 村田登志江

発行所 株式会社 集英社
東京都千代田区一ツ橋2-5-10 〒101-8050
電話 【編集部】03-3230-6095
【読者係】03-3230-6080
【販売部】03-3230-6393(書店専用)

印 刷 大日本印刷株式会社

製 本 ナショナル製本協同組合

フォーマットデザイン アリヤマデザインストア マークデザイン 居山浩二

ISBN978-4-08-745716-2 C0195